남
양
주
역
사
기
행

1

남양주라이즈 · 다산문화연구소 공동기획

다산문화연구소
**다산문화시리즈 06**

# 남양주 역사기행 I

윤종일 · 임병규 · 민경조

景仁文化社

# 목 차

# 와부 석실과 안동 김씨 풍수 이야기

남양주시 와부읍 덕소 석실마을에는 우리나라에서 팔대명당의 하나라는 '옥호저수형'의 명당자리가 있다. 즉 옥병에 물을 담은 형국으로 덕소 쪽으로 병입구 모양을, 정상에서 내려온 산줄기가 율석리 쪽에서 봉우리를 맺으면서 병마개 모양을 하고 있다. 이 병마개 중심에 안동 김씨安東金氏 김번金璠의 묘소가 있다. 이곳은 또한 왕릉 후보지가 되었으나 안동 김씨의 세도가 워낙 강해서

▲ 우리나라 팔대명당 중의 하나인 김번의 묘 ⓒ김준호

① 김번 묘
② 김상헌 묘
③ 김광찬 묘

①

▲ 김번金璠 묘와 청음 김상헌金尙憲 묘가 있는 와부석실전경　ⓒ항공촬영: 常山문화유적발굴

능을 쓰지 못했다는 이야기도 있다.

와부 석실에는 흥미로운 풍수에 관한 전설이 전해지고 있다.

조선 인조 때의 명신 김상용金尚容·김상헌金尚憲의 5대조 할아버지인 김번이 가난하게 살다가 돌아가셨다. 그의 아우는 당시 양산 통도사에 머물며 수도를 하던 백운거사였는데 형님의 죽음을 전해 듣고 천리 길을 단숨에 달려왔다. 그러나 백운거사가 석실의 형님 집에 왔을 때는 이미 상을 모두 치른 후였고, 형수는 어린 아들 하나만을 데리고 그 방앗간에서 삯방아를 찧고 있었다. 풍수지리에 밝은 백운거사는 무심코 이 방앗간 자리가 천하의 명당정혈임을 알고는 형수에게 말했다.

> "형수님, 이곳은 비록 방앗간이지만 천하의 음택 명당으로 옥호리 병이 물이 담긴 형상의 옥호저수玉壺貯水 형이라 할 수 있습니다. 그러니 아버님의 묘를 이장하시어 후손의 발복을 기원, 도모하십시다."

백운거사는 아버지의 묘를 이장하여 그 발복이 자신에게까지 미칠 것을 고려한 제안이었다. 그러나 양택陽宅을 음택陰宅으로 쓰면 어찌 되겠는가? 방앗간을 당장 그만두어야 하는 형수로서도 쉽게 결정할 수 있는 일이 아니었다.

얼마 후 형수는 시동생인 백운거사에게 자신의 지아비, 즉 백운거사의 형님의 묘지로 쓴다면 그렇게 하겠다는 조건을 제시하였다.

옛말에 한다리가 천리라더니 백운거사는 형수를 그렇게 밖에 이해할 수 없었다. 그는 형님의 시신을 이곳에 옮겨 묻고는 어린 조카에게 이렇게 말했다.

"나는 이제 영원히 중일 수밖에 없다. 그러나 너는 지금 비록 매우 가난하지만 자손이 영달하여 출세할 것이다. 앞으로 너의 자손 중에서 금관자金貫子·옥관자玉貫子가 쏟아져 나올 것이니 모두 네 아버지 묘 터의 발복임을 꿈에도 잊지 말아라."

신기하게도 백운거사의 예언은 그대로 맞아 떨어져 인조 이후 안동 김씨는 금관자, 옥관자의 고관대작과 문장, 충신이 수없이 나왔다. 구릉이 멈춘 방앗간 양택에 묘를 쓰고 발복을 한 경우로 흔하지 않는 사례의 하나이다.

'취석醉石'은 우암 송시열이 도산정사를 건립할 당시 김수증에게 준 글로, 김수증이 이것을 4년 뒤인 1672년 지금의 비석 앞면에 각자한 것이다. '취석醉石'은 원래 출전이 도연명의 고사에서 온 것으로 중국

▲ 석실서원묘정비 · 취석비 · 송백당유허비 ⓒ김준호

▲ 취석醉石 ⓒ김준호

의 『여산기』에 "도연명이 거처하던 율리에 큰 돌이 있는데, 연명은 술에 취하면 항상 그 돌에 올라 잠을 잤다. 이로 인해 취석이라 이름 붙였다."는 고사가 있다.

　우암 송시열이 이 글씨를 써준 데는 이유가 있다. 청음 김상헌이 청에 볼모로 붙잡혀 있을 때, 맹영광이 김상헌의 의로운 행동을 흠모 하여 도연명의 채국도를 보냈으며, 이를 도연명의 진영과 함께 도산 정사에 안치해 두었다. 그런데 도산정사가 위치한 곳의 지명이 '석실 石室'이다. 바위로 둘러싸인 형상임을 말해준다. 이와 같은 곳에 도연 명의 고사가 담긴 '취석醉石' 두 글자를 새겨두는 것도 격에 맞는 것 같다. 이에 김수증은 우암 송시열의 뜻을 헤아려 비석 앞면에 '취석醉 石'을 각자하고, 뒷면에 그 유래를 써서 각자하였다.

이 명당을 둘러싸고 친정아버지의 묘자리까지 빼앗은 풍수에 얽힌 또 하나의 전설이 전해내려 온다.

안동 김씨가 와부 석실에 입향하기 전에는 이 일대의 산은 모두 남양 홍씨南陽洪氏의 선산이었다. 그 때 남양 홍씨 가문에서 딸을 안동 김씨 가문으로 출가시켜 두 집안이 사돈지간이 되었다. 안동 김씨 가문으로 출가한 홍씨는 아들 하나를 낳고 남편 김번과 사별을 하였다. 이때 친정아버지가 사망하자 석실마을로 갔다. 홍씨 부인의 친정에서는 지관을 시켜 묘자리를 보고 광중壙中을 파두었는데, 그 자리가 옥호저수형, 즉 옥항아리에 물을 담은 형국으로 명당 중의 명당이었다.

이 말을 들은 홍씨 부인 밤새도록 광중에 물을 퍼다 부었고 결국 친정아버지의 시신을 안장시키지 못하게 하였다. 3년 후 홍씨 부인은 사별한 남편 김번을 옥호저수형의 땅에 이장시켰는데 그 후로 안동 김씨 일가는 고관대작과 문장, 충신이 수없이 나왔다. 이 자리는 금관자, 옥관자가 3말씩 나오는 자리라고 한다.

[http://남양주타임즈 2006.6.9]

# 별내면 광전리 퇴뫼산성

퇴뫼산성은 남양주시 별내면 광전리의 퇴뫼산에 있는 것으로 이 지역 주민들은 퇴뫼산을 옛성산 또는 이성산이라고도 부르고 있는데, 이 퇴뫼산성은 고구려 을지문덕乙支文德 장군이 쌓았다는 전설이 전해지고 있다. 또한 퇴뫼산에는 석광石鑛이 있는데 이곳에 묘를 쓰면 석 달 열흘 동안 가뭄이 계속되다가 그 후에 천자가 태어나 그가 장차 왕이 된다는 전설도 있다. 이 석광은 일찍이 무학대사가 그 자리를 잡아 놓았는데 지금은 그 위치를 알 수 없다고 한다.

▲ 퇴뫼산성 전경 ⓒ윤종일

이 퇴뫼산에 대한 기록은 『동국여지지東國輿地志』 고적조에 풍양폐현의 뒷산에 고성古城이 있다고 하였고, 『조선고적조사보고서』(1916)에는 이 산성을 퇴계원북산성이라 하였으며, 『조선보물고적조사자료朝鮮寶物古蹟調査資料』에는 퇴뫼산성의 둘레가 약 300칸(540m)인데, 외측 사면의 높이

가 약 1칸으로 자연석으로 쌓았다는 기록이 나온다.

광전리 퇴뫼산성은 남양주시 별내면 광전리 퇴뫼산 28-1번지에 있는 해발 370.2m인 퇴뫼산의 정상부를 둘러싸고 있는 퇴뫼식 석축산성石築山城이다. 이 산성은 정상부를 중심으로 넓게 축조되어 있다. 성벽은 대부분 무너져 내려 겉쌓기한 돌과 속채움한 돌들이 여기저기 흩어져 있으며, 일부 구간에서만 온전한 형태의 성벽이 남아 있다.

현재 지표면에 드러나 있는 성벽은 길이 2m정도의 3단까지만 남아 있다. 그렇지만 성벽이 무너진 부분도 기단부석은 원상태를 유지하고

▲ 퇴뫼산성 북벽치 성벽 ⓒ윤종일

▲ 퇴뫼산성 북벽 성벽 ⓒ윤종일

있기 때문에 정밀조사를 하게 되면 그 원형을 찾을 수도 있을 것으로 생각된다. 문지는 서문지西門址가 하나 있으며, 상부의 폭은 6.85m, 하부의 폭은 2.65m이다. 그리고 산성 내부의 평탄지에서는 토기편과 와편들이 산포되어 있는 점으로 보아 이 지점이 곧 건물터였을 것으로 추정된다.

채집유물은 삼국시대에서 통일신라시대에 이르는 토기편과 기와편들이 주로 발견되고 있다. 와편瓦片은 주로 선문으로 된 암기와가 주종을 이루고 있으며, 회청색 연화문 와당도 수습되었다. 이러한 출토유물과 이 지역 일대가 고구려·백제·신라 삼국의 각축장이었음을 감안하게 되면 백제시기의 산성이었을 가능성이 높다.

남양주지역에서는 그동안 대규모적인 산성山城의 보고가 없었고, 광전리 퇴뫼산성도 둘레가 500m정도의 보루堡壘로 보는 경향이 있었지만 정밀 측량을 하게 되면 지금까지 알려진 것과는 달리 그 규모가 훨씬 큰 산성으로 추정된다.

특히 광전리 퇴뫼산성은 포천지역에서 한강유역의 아차산성에 이르는 길목에 위치하고 있기 때문에 아차산성과 연결되는 교통로 상에 위치한 것으로 그 지리적 중요성을 엿볼 수 있다. 따라서 광전리 퇴뫼산성은 앞으로 정밀한 지표조사를 통하여 산성의 축조연대, 규모와 성격 등이 구체적으로 밝혀야 할 것으로 보인다.

[http://남양주타임즈 2006.6.16]

# 고려의 충절 변안열 장군과 〈불굴가〉

변안열邊安烈(1334~1390)은 고려 말의 무신으로 자는 충가忠可, 호는 대은大隱, 본관은 원주이며 아버지는 증판삼사사 양諒이다.

1268년(고려 원종 9) 원元의 사신 탈타아脫朶兒를 수행하여 원나라에 갔던 변순邊順(변안열의 조부)이 원 세조를 알현하고 심양에 머물다가 심양후의 봉작을 받았고 나중에 고려에서 찬성사贊成事를 추증받았다.

또한, 변안열의 부친 변량邊諒 역시 심양후를 승계하고 고려국으로부터는 판삼사사判三司事에 추증되었다.

▲ 변안열 묘역 ⓒ김준호

심양에서 출생한 변안열은 1351년 원나라 무과에 장원급제하여 형부상서刑部尙書에 올랐다. 1352년 겨울 노국공주魯國公主(원나라 위종의 딸)가 고려의 강릉대군(공민왕)에게 출가하게 되자 변안열은 배종수장의 임무를 띠고 환국하였다. 1352년 강릉대군이 즉위하니 그가 곧 공민왕이다.

공민왕은 변안열을 그의 외사촌 판추밀사 원의의 딸과 결혼시키고 원주原州를 관향으로 내려주었다. 1352년(공민왕 1) 변안열이 열아홉 살 때로, 이로써 변안열은 원주 변씨의 시조가 되었다.

변안열은 1361년(공민왕 10) 안우安祐와 함께 홍건적을 물리치고 2등공신으로 판소부감사判少府監事 직을 받았다. 개경이 수복되자 예의판서禮儀判書를 제수받고 삼사밀직사三司密直事에 올랐다. 1374년 8월 왜구들이 제주도에 쳐들어오자, 최영과 더불어 탐라(제주)를 정벌하고 판추밀직지문하사를 거쳐 문하평리사를 역임하였다.

1376년(우왕 2) 부여에까지 침입한 왜구를 대파하여 문하찬성사에 올랐다.

1380년(우왕 6)에는 강성한 힘으로 내륙지방인 충남 서천과 전라도 남원 구례까지 밀고 들어온 왜구를 변안열이 이성계의 부장으로 참여하여 대파하였다. 이것이 그 유명한 황산대첩荒山大捷이다.

그해 9월 운봉雲峰 월인역에서 왜구를 크게 물리치고 변안열 장군이 이끄는 군대가 개선하자 임금은 문하시중 최영으로 하여금 천수문天壽門을 설치하게 하고 백관들을 도열시켜 장군을 맞도록 했다. 그때 이성계와 함께 금 50냥을 상으로 받았으나 두 사람 모두 사양하고 받지 않았다.

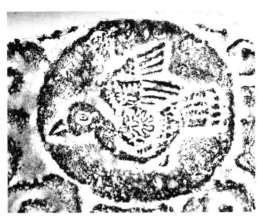

▲ 변안열 묘표 뒷면. 삼족오 문양
ⓡ임병규·양문순

이어 정방제조政房提調가 되어 그 세력이 임견미林堅味·이인임李仁任 등과 겨루게 되었다. 1382년(우왕 8) 단양, 안동으로 쳐들어온 왜구를 격퇴시켜 원천부원군原川府院君에 봉해지고 판삼사사判三司事, 뒤에 영삼사사領三司事가 되었다.

이성계의 위화도회군으로 고려의 사직이 위태롭게 되자 변안열은 우왕禑王과 제휴하여 이성계를 제거하려고 하였다.

1389년(공양왕 원년) 10월 11일, 이성계의 생일날 사병 2만 명을 거느리고 있는 변안열을 마음대로 했다가 무슨 변을 당할지 몰라 전전긍긍하던 차에 이성계는 자신의 생일날 주안상을 마련해 놓고 정몽주와 변안열을 사랑채로 초대하였다.

이 자리에는 물론 이방원도 함께 배석하였다. 술잔이 몇 순배 돌자 이방원은 정몽주와 변안열을 떠보기 위해 시 한수를 읊었다.

　　"이런들 어떠하리 저런들 어떠하리 / 만수산 드렁칡이 얽어진들 어떠하리 / 우리도 이같이 얽어져 백년까지 누리리라"

그 유명한 <하여가何如歌>를 읊자, 이에 대해 정몽주는 <단심가丹

心歌>,

    "이몸이 죽고 죽어 일백번 고쳐죽어 / 백골이 진토되어 넋이라도
있고 없고 / 님 향한 일편 단심이야 가실줄이 있으랴"로 답하고

변안열도 <불굴가不屈歌>

    "가슴팍 구멍 뚫어 동아줄로 무주 꿰어,
    앞뒤로 끌고 당겨 감켜지고 쏠릴망정,
    임 향한 그 굳은 뜻을 내 뉘라고 굽히랴."
    (김천택, 『청구영언』「언락」에서)

라 답하였다.

이 <불굴가不屈歌>를 통해
변안열은 고려에 대한 자신의
충성심을 어떤 힘에도 굽힐 수
없음을 밝혔다. 이 불굴가는
무신의 곧은 절개가 절절히 담
겨있는 충절가라 할 수 있다.

이후 변안열은 1389년(창왕 1)
대호군 김저金佇 등이 이성계의
제지와 우왕의 복위를 모의한
일에 연루되어 이림李琳·우현
보禹玄寶·이색李穡 등과 같이

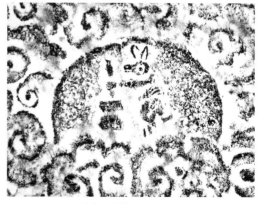

▲ 변안열 묘표 앞면. 토끼가 방아찧는 문양
ⓡ임병규·양문순

한양에 유배되었다가 처형되었지만 고려의 충신으로 널리 칭송받고 있다.

그러나 조선을 개국한 이성계는 자신에게 반대하였던 변안열을 복권하였고 그의 세 아들까지도 관직을 주어 우대하였다.

현재 변안열의 묘역은 진건읍 용정리 701-1번지에 잘 정돈되어 있고 특히 묘표의 관석冠石 부분 문양이 특이하다. 변안열 묘표의 관석을 보면 앞면에 토끼가 방아를 찧는 문양이 있고 뒷면에 새(三足烏로 추정)가 두렷이 양각되어 있다. 삼족오三足烏는 태양을, 토기는 달을 상징하는 문양이다. 그런데 이곳에 조각된 문양들은 고대의 일월신앙日月信仰보다는 풍수음양사상과 연관지어 해석하는 것이 타당할 것으로 보인다.

[http://남양주타임즈 2006.6.22]

# 봉선사 대종大鐘

봉선사(남양주시 진접읍)는 969
년(고려 광종 20) 범양국사에 의
해 처음 지어진 사찰로서 몇
차례의 병화를 겪는 동안 중
창을 거듭하게 되었다. 1469
년(조선 예종 원년) 정희왕후 윤
씨는 산세가 빼어난 이곳에 세
조의 영靈을 봉안하기 위하여
폐허가 된 폐사지 모퉁이에 사
찰을 건립하고 구리를 녹여 봉
선사 대종을 만들었다(1409).

봉선사 대종(보물 제397호)은
임진왜란 이전의 작품으로는
몇 안 되는 종이며, 1469년(예
종 1) 세조의 명복을 빌기 위
해 주조된 종으로 높이 238
cm・구경 168cm・두께 23cm

▲ 봉선사 대종 ⓒ김준호

이며 청동으로 만들어진 큰 종이다.

종의 꼭대기에는 음통音筒이 없는 반룡蟠龍으로 표현된 간략한 용뉴龍紐가 있고 종견鐘肩에는 큰 복판覆瓣 연화문을 돌렸다. 종견 바로 밑에 융기된 2줄의 횡대를 돌려서 종신鐘身과 뚜렷한 구분을 지었다. 종신 중앙에는 굵고 가는 3줄의 횡대를 돌려 크게 상하로 구분하고 윗부분에는 유곽乳廓과 보살상을 교대로 배치하였다. 유곽은 종견의 횡대에서 분리되어 당초문이 얕게 조각된 정사각형 구획 안에 연화유좌蓮華乳座에서 돌기된 9개의 유두乳頭를 갖춘 형식으로 네 곳에 배치되었고 유곽과 유곽 사이에는 원형 두광을 갖추고 두 손을 마주 잡은 연화 위의 입상이 얕게 양각되어 있다.

이와 같은 수법의 불상은 조선시대 동종에서 흔히 볼 수 있는 형식이다. 유곽 및 중앙횡대 사이 공간에는 굵은 획의 '범梵'자가 새겨져 있다.

중앙 횡대 밑에는 종구鐘口에서 상당한 거리를 두고 폭넓은 횡대를 두어 횡대 안에는 사실적이고도 조선시대의 특징이 잘 나

▲ 한국전쟁으로 종각이 소실되어
방치된 봉선사대종

타나는 파도문이 있다. 이 횡대와 중앙 횡대와의 넓은 공간에는 시·문·서·화의 4대가로 불리는 강희맹姜希孟(1424~1483)이 글을 짓고 명필 정난종鄭蘭宗(1433~1489)이 글씨를 썼다는 명문이 새겨져 있다. 이 명문은 그 문장이 아름다움과 글씨가 유려하며, 종을 만든 이유와, 화원畵員, 주성장鑄成匠, 조작장彫刻匠, 주장注匠, 각자목수刻字木手, 노야장爐冶匠, 수철장水鐵匠, 그리고 사령使令 등의 인명이 계속 나열되어 있어 대대적인 공사였음을 알 수 있다. 이 종명에 기록된 연대가 '성화成化 5년'이므로 1469년(예종 1)에 종을

▲ 원형두광을 갖추고 양손을 마주잡은 보살입상 ⓡ임병규·양문순

▲ 음통音筒이 없고 쌍룡雙龍으로 된 용뉴龍鈕 ⓒ김준호

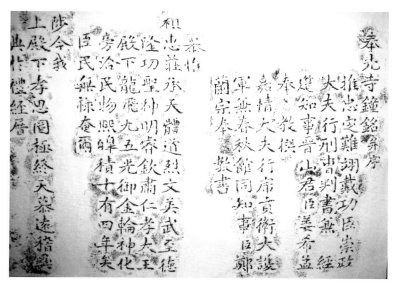

▲ 봉선사 종명 ⓡ임병규 · 양문순

주조하였음을 알 수 있다. 종구가 넓어진 전체의 형태나 종신의 횡대 또는 조각수법 등은 조선시대 동종의 새로운 특징을 잘 보여주고 있다.

[http://남양주타임즈 2006.7.3]

# 단종端宗 향한 충절로 일생 마친 생육신 권절權節

▲ 권절 묘역 전경 ⓒ임병규

　사육신死六臣에 관련하지 아니 한 인물들 중에는 세조의 패륜적 행위에 분개하여 이른바 불사이군不事二君(신하가 절개를 지켜 두 임금을 섬기지 아니함)의 뜻을 품고 일생을 폐인을 자처한 무리가 있으니, 이들을 우리는 생육신이라 부른다.

생육신의 지정에 대해서는 일정치 아니하여 김시습金時習·원호元昊·이맹전李孟專·조려趙旅·성담수成聃壽·남효온南孝溫이라 하고, 또는 남효온 대신에 권절權節을 꼽기도 한다. 그런데 남효온이 1454년(단종 2) 출생하였는데, 세조의 즉위는 그 이듬해이다. 남효온이 『육신전』을 저술하여 그 공으로 생육신이 되었다. 하지만 그의 나이로 보아 세조 때 유년시절이므로 불사이군不事二君의 행동을 몸으로 실천한 생육신의 범주에 넣기에는 무리가 따르는 것으로 보인다.

생육신生六臣 중 한 분인 권절權節은 별내면 덕송리에 은거한 적이 있으며 현재 묘역도 남양주시 별내면 덕송리 산12-1번지에 위치하고 있다. 현재 이곳에서는 2006년 12월 30일까지 죽목 벌채허가가 진행 중에 있어 더욱 보존이 시급한 상태로 판단된다. 필자의 판단으로는 개발을 하더라도 충절忠節의 사표가 되는 권절의 묘역은 잘 보존하여 많은 사람들에게 귀감이 되게 하였으면 한다.

권절權節은 1422년(세종 4)에 출생하여 1494년(성종 25)에 사망하였다. 본관은 안동安東, 자는 단조端操, 호는 율정栗亭이다. 증조부는 귀貴이고, 할아버지는 엄嚴이며, 부아버지는 심審이다.

조선 전기의 문신으로 1447년(세종 29) 26세로 친시문과親試文科에 정과丁科로 급제하여 처음 승문원 정자承文院正字가 되었다가 집현전集賢殿에 뽑혀 들어갔는데 세종이 그 위인을 보고 '권절은 용력이 과인過人하니 세상에 흔히 나오는 인재가 아니다. 병법과 무예를 단련시켜 그 그릇을 양성케 하라.'하고는 겸직으로 사복시직장司僕寺直長을 특별히 제수하였다.

뒤에 승문원 박사承文院博士로 옮기고 사헌부 감찰司憲府監察, 호조정랑戶曹正郎, 군기시부정軍器寺副正을 거처 지승문원사知承文院事가 되었다.

　권절은 세조의 장량[張子房]으로 유명한 권람權擥과는 4종, 즉 동5대조10촌 간인데 권람이 6년 연상이나 문과에는 권절이 3년 먼저 급제하였다. 뿐만 아니라 잠저潛邸에 있을 때의 세조, 즉 수양대군과 권절은 평소부터 잘 아는 사이였다. 1453년(단종 1) 김종서金宗瑞·황보인皇甫仁 등을 제거하는 계유정난癸酉靖難 때 권절은 집현전集賢殿 교리校理였는데, 수양대군은 권람이 문무文武를 겸비했음을 알고 권람을 보내어 누차 단종을 폐할 뜻을 의논하고 동참할 것을 권유하였으나 거짓 귀머거리로 행세하며 참여치 않고 벼슬에도 나가지 않았다. 아예 집에서 나가 큰 조카 권안權晏의 집에서 둔처遯處하며 몸을 감추고 재주를 드러내지 않아 검속되지 않았다.

　세조가 왕위에 오르자 권절의 재주를 아깝게 여겨 원종공신 3등에 적록하고 당상관堂上官 통정대부通政大夫에 첨지중추부사僉知中樞府事로 발탁하여 금군禁軍을 다루게 하였으나 이번에는 거짓 미친 시늉을 하고 응

▲ 권절 묘표 탁본 ⓒ임병규·양문순

하지 않았다. 그러면서 사람만 보면 문득 머리를 조아리며 '병장기가 어깨에서 내려놓으니 나라가 태평하고 성주聖主께서는 만수무강하옵소서.' 하며 삐뚤어진 세상을 비꼬았다. 1459년(세조 5) 10월에는 세조가 경기도 포천으로 사냥을 나갈 때 권절은 대장소종사관大將所從事官으로 불려갔다. 이때 세조는 권절에게 우상右相으로 하여금 좌상左相과 더불어 왕방산王方山에 진을 치도록 하라는 왕명을 내렸는데 권절이 즉시 명령을 전달하지 아니하여서 우상으로 하여금 좌상과 더불어 나란히 진을 치게 했으므로, 세조는 명을 내려 권절을 의금부義禁府에 하옥하고 파직시켰다. 그 뒤 세조가 여러 차례 관직을 제수하였으나 권절은 번번이 광질狂疾을 구실로 하여 정권에 참여하지 않았다.

그러나 1467년(세조 13)에는 함경도에서 이시애李施愛의 난이 일어나니 이를 좌시할 수가 없어 권절은 종실宗室 구성군龜城君 이준李浚의 휘하에 들어가 출정하였다. 이때 권절이 철장鐵杖을 한번 휘두르면 적의 무리가 사산四散하니 이 철장이 그로부터 군기시軍器寺에 비치되었고 조위曹偉는 그 기문을 지은바 있다. 그리고 같이 출정하였던 남이南怡와 더불어 용맹을 나란히 하였다. 이시애의 난을 평정한 같은 해에 또 서북면 건주위建州衛 여진女眞의 이만주李滿侏를 정벌하게 되자 강순康純의 종사관이 되어 남이南怡 등과 함께 출정하였다. 그러나 돌아와서도 공훈을 받거나 현직顯職에 나가지 않고 성종成宗이 즉위해서는 위장衛將의 직무를 띠고 무산계武散階에 있었을 뿐이었다. 그러면서 권절은 격언格言을 써서 자제를 가르치는 가훈으로 남겼다.

우禹 임금은 낮은 궁실에서 나쁜 옷과 음식을 하고 문왕文王은 막옷을 입고 토지를 개간해 백성을 길렀다. 그러면서 또 한 가지에 열중하면 밥 먹을 겨를이 없다 하였다. 공자孔子는 나물밥을 먹고 물마시면 즐거움이 그 속에 있다 하였고, 자로子路는 해져 누더기가 된 무명옷을 입고도 여우털과 수달피갑옷을 입은 자와 더불어 서서 부끄러움을 모른다 하였다.

맹자孟子는 음식에 대해 마음을 쓰는 것은 사람이 천하기 때문이라 하였다. 약정자樂正子(증자의 제자)는 너희가 염치없이 먹어댄다 했고, 사마온공司馬溫公은 우리가 본디 빈번한 출신이라 화미한 것을 좋아 않으며 해진 옷을 버리지 않고 찬밥으로도 배를 채운다 했다. 공자는 선비의 뜻이 도에 있으니 낮은 옷과 거친 음식을 부끄러워하는 자와는 족히 더불어 의논할 것이 없다 하였으니 너희는 모름지기 이를 뜻삼아라. 대우大禹(우임금)와 문왕·공자는 천하의 대성인인데 그 처심이 이와 같고 자로와 자여子輿는 천하의 대현大賢인데 그 처심이 이와 같았으며 온공溫公은 위로 성인을 스승삼고 아래로 군현群賢을 벗 삼았는데 크게 처심處心함이 이와 같았던 것이다. 아아, 너희는 공경히 그 교훈을 지켜 가업家業을 실추시키지 말라. 인하여 이 한 구절을 보이나니 문호가 흥하고 쇠하는 것이 정녕코 이 법도에 있다. 조상의 교훈을 어찌 의심하여 약석藥石과 심병心病의 돌침으로 삼지 아니하여 인간의 식자우환識字憂患을 면치 못하게 될 것이다.

이상이 그 격언의 대강이다. 권절의 부임여부는 잘 알 수 없으나 관찰사에 보임되었던 것으로 알려지고 있다. 그러나 권절의 이러한 생애는 오직 단종을 향한 충절 때문이었던 것으로 후세사람들은 이를 높이 평가하여 생육신의 한사람으로 치게 되었다.

권절 사후 200여 년 뒤인 1698년(숙종 24)에 단종이 노산군에서 복위되고 묘호를 '장릉莊陵'으로 추존하면서 사육신과 생육신에 대한 평가를 새로이 하여, 1702년 영월의 유학자 주황朱璜 등이 권절을 사육신을 배향하는 창절사彰節祠에 제향할 것을 상소하였다. 1708년 좌의정 이유李濡의 건의에 의하여 정2품 자헌대부 이조판서로 추증되고 홍문관 대제학이 겸증되었으며 충숙忠肅의 시호가 내리니 시법諡法은 '임금을 섬겨 충성을 다하니 忠(事君以忠曰忠)이고 마음을 집요히 가지고 결단하였으니 肅(執心決斷曰肅)'이었다. 또 이듬해 1703년(숙종 24) 계미 10월에는 충신의 정려旌閭가 내렸다. 1791년(정조 15) 사육신과 생육신의 충절을 기리기 위하여 세운 창절서원彰節書院에 제향되었다.

[http://남양주타임즈 2006.7.7]

# 사제莎堤의 아름다운 경치와 이덕형의 사제 생활을 읊은 사제곡

사제莎堤[사제는 지명으로, 용진강龍津江(경기도 광주지역 한강의 지류) 동쪽 5리쯤 떨어진 곳에 있으니, 곧 한음漢陰 이상공李相公의 강정江亭이 있는 곳이다]의 아름다운 경치와 이덕형의 사제 생활을 읊은 사제곡莎堤曲.

▲ 400여 년 된 은행나무와 한음 이덕형의 별서지 ⓒ윤종일

한음 이덕형 가문과 노계 박인로 가문의 최초의 인연은 1601년 2월 한음이 사도체찰사四道體察使(충청, 전라, 경상, 강원)가 되어 부임하면서 영천에 있는 광주이씨 시조묘를 찾아가던 중에 우연히 부근의 박인로 조부의 묘를 발견하여 참배하고 가면서 이루어졌다.

이때 이덕형은 40세로 이미 좌의정을 지낸 신분이었음에도 일개 시골 무관의 조부 묘에 절을 하고 갔다는 것은, 이덕형이 신분의 고하를 가리지 않고 친구들을 사귀었으며, 박인로의 시문학에 대한 명성을 익히 알고 있었기 때문이었던 것으로 판단된다.

이러한 일을 계기로 하여 노계蘆溪 박인로朴仁老는 이덕형의 별서別墅가 있던 용진 사제(남양주시 송촌리)를 자주 찾아 한음과 벗하며 지내면서 많은 시문을 지어 후세에 남기게 되었다. 이때 지어진 유명한 시가詩歌가 박인로의 <사제곡莎堤曲>이다. 박인로의 시가詩歌 사제곡의 첫머리에는 다음과 같이 적혀 있다.

▲ 이덕형이 말을 타고 내릴 때 사용하던 하마석下馬石 ⓒ윤종일

萬曆辛亥春 漢陰大監命作此曲 莎堤勝地名 在龍津 江東距五里許 大監江亭所在處也(만력신해춘 한음대감명작차곡 사제승지명 재용진 강동거오리허 대감강정소재처야)

'1611년 봄에 한음대감의 요청으로 이 노래를 지었는데 사제莎堤라는 곳은 용진의 강에서 동쪽 5리 되는 거리에 있고 대감의 정자가 있는 경치 좋은 곳이다.'

이글에서 보듯이 이 사제곡은 이덕형의 요청에 의해 지어진 가사인데 그 내용은 다음과 같다.

어리고 졸拙한 몸이 영총榮寵이 이극已極하니
궁국진취鞠躬盡瘁하여 죽어야 말려 여겨
숙야비해夙夜匪懈하여 밤을 잊고 사탁思度한들
관솔에 켠 불로 일월명을 도울는가
시위반식尸位伴食을 몇 이나 지내연고
늙고 병病이 들어 해골骸骨을 빌리실새
한수동漢水東 땅으로 방수訪水 심산尋山하여
용진강龍津江 지내 올라 사제莎堤 안 돌아 드니
제일강산第一江山이 임자 없이 바려나다

평생平生 몽상夢想이 오래하여 그렇던지
수광水光 산색山色이 옛 낯을 다시 본 듯
무정無情한 산수山水도 유정有情하여 보이나다
백사白沙 정반汀畔에 낙하落霞를 비끼 끼고
삼삼오오三三五五 섞이 노는 저 백구白鷗야
너다려 말 묻자 놀래지 말라사라
이 명구名區 승지勝地를 어데라 들었던다
벽파碧波가 양양洋洋하니 위수渭水 이천伊川 아닌게오
층만層巒이 올올兀兀하니 부춘富春 기산箕山 아닌게오
임심林深 노흑路黑하니 화옹晦翁 운곡雲谷 아닌게오
천감泉甘 토비土肥하니 이원李愿 반곡盤谷 아닌게오
배회徘徊 사억思憶하되 아무덴 줄 내 몰라타

안지岸芷 정란汀蘭은 청향淸香이 욱욱郁郁하야 원근遠近에 이어 있고
남간南澗 동계東溪에 낙화落花가 가득 잠겼거늘

형극荊棘을 헤혀 들어 초옥草屋 수간數間 지어 두고
학발鶴髮을 뫼시고 종효終孝를 하려 어겨
원거원처爰居爰處하니 차강산지此江山之 임자로다

삼공三松 불환不換 차강산此江山을 오늘사 알았고야
어지러운 구로鷗鷺와 수數 없은 마록麋鹿을
내혼자 거느려 육축六畜을 삼았거늘
각 없는 청풍명월淸風明月은 절로 기물己物 되었으니
남과 다른 부귀富貴는 이 한 몸에 갖었고야
이 부귀富貴 가지고 저 부귀富貴 부를소냐
부를 줄 모르거든 사괼 줄 알리던가
홍진紅塵도 멀어가니 세사世事를 들볼소냐

화개花開 엽락葉落 아니면 어느 절節 알리던고
중은암中隱菴 쇠북소리 곡풍谷風에 섞어 날아 매창梅窓에 이르거든
오수午睡를 갓깨어 병목病目을 열어 보니
밤비에 갓핀 가지 암향暗香을 보내어 봄철을 알외나다
춘복春服을 처음 입고 여경麗景이 더딘 저기
청려장靑藜杖 비끼 쥐고 동자童子 육칠六七 불러내어 속잎 난 잔디에
족용중足容重케 흩걸어 청강淸江에 발을 씻고
풍호강반風乎江畔하여 홍興을 타고 돌아오니
무우영이귀舞雩詠而歸를 적으나 부를쏘냐
춘흥春興이 이렇거든 추흥秋興이라 적을런가
금풍金風이 슬슬하여 정반庭畔에 지내 부니
머괴잎 자는 소리 먹은 귀를 놀래나다
정치추풍正値秋風을 중심中心에 더욱 반겨
낙대를 둘러메고 홍료紅蓼를 헤혀 들어
소정小艇을 끌러 놓아 풍범風帆 낭즙浪楫으로 가는대로 던져두니
유하전탄流下前灘하여 천수변淺水邊에 오도고야

석양夕陽이 거인 적에 강풍江風이 짐즉 불어
귀범歸帆을 보내는 듯
아득던 전산前山도 인후산忍後山에 보이나다
수유 우화須臾羽化하여 연엽주蓮葉舟에 올랐는 듯
동파東坡 적벽유赤壁遊인들 이내 흥興에 어찌 더며
장한張翰 강동거江東去인들 오늘 경景에 미칠는가

거수居水에 이렇거든 거산居山이라 우연偶然하랴
산방山房에 추만秋晚커늘 유회幽懷를 둘 데 없어
운길산雲吉山 돌길에 막대 집고 쉬어 올라
임의任意 소요逍遙하며 원학猿鶴을 벗을 삼아
교송喬松을 비기어 사우四隅로 돌아 보니
천공天工이 공교工巧하여 묏빛을 꾸미는가
흰 구름 맑은 내는 편편片片이 떠서 날라
높으락 낮으락 봉봉곡곡峯峯谷谷이 면면面面에 버렸거든
서리친 신나무 봄꽃도곤 붉었으니
금수병풍錦繡屛風을 첩첩疊疊이 둘렀는 듯
천태만상千態萬狀이 참람僭濫하여 보이나다
힘세이 다투면 내 분에 올까마는
금禁할이 없을 새 나도 두고 즐기노라

하물며 남산南山 나린 끝에 오곡五穀을 갖춰 심어
먹고 못 남아도 긋지나 아니 하면
내 집의 내 밥이 그 맛이 어떠하뇨
채산採山 조수釣水하니 수륙품水陸品도 잠간갖다
감지봉양甘旨奉養을 족足하다 할까마는
오조함정烏鳥含情을 벱고야 말렸노라

사정私情이 이러하여 아직 물러 나왔은들

망극罔極한 성은聖恩을 어느 각刻에 잊을런고
견마미성犬馬微誠은 백수白首에야 더욱 깊다
시시時時로 머리 들어 북신北辰을 바라보니
남모르는 눈물이 두 사매에 다 젖나다

이 눈물 보건댄 차마 물러 날까마는
가뜩한 부재不才에 병病하나 짙어가고

훤당萱堂 노친老親은 팔순八旬이 거의거든
탕약湯藥을 그치며 정성定省을 바울런가
이제야 어느 사이 이 산山 밖에 날오소냐
허유許由의 씻은 귀에 노협자老萊子의 옷을 입고
앞 뫼에 저 술이 푸른 쇠 되도록
함께 뫼셔 늙으리라

박인로(1561~1642)는 자는 덕옹, 호는 노계 또는 무하옹이다.

박인로는 1592년 임진왜란이 일어나자 의병이 되어 전쟁터에서 싸웠으며, <태평사>를 지어 병졸을 위로했다. 1599년 무과에 급제하였으나 벼슬길은 순탄치 못했다.

1611년(광해군 3) 한음漢陰 이덕형李德馨이 광해군 시절 인목대비 폐모론에 반대하다가 정계를 은퇴, 벼슬에서 물러나 경기도 용진龍津(지금의 양주군) 사제莎堤의 농막에서 은거하며 시국을 걱정하고 있었다. 이덕형과 평소 친분이 두터웠던 박인로가 당시 이덕형을 찾아갔을 때 51세 때 지은 가사로 이덕형의 마음을 대신해 장가체인 가사로 대작한 작품으로, 용진 사제의 뛰어난 경치와 그곳에 한가로이 자연을 벗하며 소요逍遙·자적自適하는 한음 이덕형의 생활을 그렸다.

이 가사의 강점은 단순한 서경묘사나 서정의 표현에 머물지 않고, 임금을 그리는 정과 어버이를 끝까지 받들고자 하는 지극한 효심이 담겨 있는 데 있다.

사제莎堤는 용진龍津에 있는 이덕형의 별서지가 있었던 곳으로, 작자가 '사제'의 아름다운 경치와 이덕형의 소요자적逍遙自適하는 모습을 읊은 것으로 알려져 있지만 한편으로는 이덕형이 지었다는 설도 있다. 그 내용은 이덕형이 임금의 영총을 지극히 받아 성은에 감격하여 진력하다가, 늙고 병이 들어 관직을 사퇴하고 광주廣州 용진강 동쪽의 사제로 돌아왔음을 읊었다. 고향에 돌아와 보니 옛날 보던 제일강산이 임자 없이 버려져 있어 이제야 주

▲ 이덕형 별서지 표지석 ©윤종일

인을 만난듯함을 춘흥과 추흥을 통하여 노래하였다. 그 가운데서도 망극한 성은을 잊을 수 없다고 하였으며 임금을 그리는 정과 어버이를 받들고자 하는 심정을 간절히 나타내었다.

[http://남양주타임즈 2006.7.14]

# 비운의 왕비 정순왕후 송 씨의 능 '사릉'

사릉(남양주시 진건읍)은 조선 제6대 단종端宗의 비인 정순왕후定順王后 (1440~1521) 송씨의 능이다. 왕후는 판돈녕부사 송현수의 딸로 1454년 (단종 2)에 15세의 나이로 왕비에 책봉되었고, 이듬해 수양대군이 왕위 를 찬탈한 후 단종이 상왕이 되면서 의덕대비懿德大妃가 되었다. 그리

▲ 정순왕후의 능—사릉 ⓒ윤종일

고 곧 성삼문, 박팽년, 하위지, 이개, 유성원, 유응부 등 사육신의 단종복위운동으로 1457년(세조 3) 단종이 노산군魯山君으로 강봉되면서 왕후도 부인으로 강봉되었다. 그 후 왕후는 영월 청령포에 유폐된 단종을 그리워하며 한 많은 세월을 보냈으며, 단종이 사사賜死된 후에는 동대문 밖 연미정동(현 서울특별시 동대문구 숭인동 청룡사)에 수간 초옥草屋을 지어 정업원이라 하고 칩거하면서 평생을 흰옷만 입고 고기와 생선을 먹지 않았으며, 매일 절 뒤 바위 정상에 올라 영월을 바라보면서 비통해 하였다.

사후에 왕후는 후사가 없어 단종의 누이 경혜공주敬惠公主가 무덤을 만들어 정씨 가족묘역에 묻혔고 위패도

▲ 영월 동을지산 기슭에 자리잡고 있는 비운의 소년 왕 단종이 묻힌 장릉 ⓒ윤종일

▲ 청령포금표표비 ⓡ임병규 · 양문순
단종이 1457년 노산군으로 강봉, 유배되어 있던 이곳을 백성들의 출입과
행동을 제한하기 위해 1726년(영조 2)에 세운 비석

정씨가鄭氏家에서 모시게 되었다. 1521년(중종 16) 82세를 일기로 별세
하자 왕이 대군부인의 예로 장례케 하였고 1698년(숙종 24) 단종복위와
정순왕후로 추상되어 종묘에 배향되었고 묘를 높여 '사릉'이라 하였
다. 정순왕후의 신위는 단종이 신위와 함께 창경궁에 봉안되었다가

종묘 영영전에 봉안되었다. 그 후 영조는 '정업원구기淨業院舊基'의 다섯 자를 친서하여 비와 비각을 정업원터에 건립케하고 바위봉우리 정상에 있는 바위에 '동망봉東望峰'의 3자를 친필로 새겨 넣었다.

석물石物제도는 장릉莊陵과 마찬가지로 난간석과 무인석을 생략한 후릉석양 厚陵石樣을 따른 것으로, 숙종 때의 양식이 잘 나타나 있다. 주위에는 곡장이 돌려져 있으며, 난간석이 생략된 봉분 앞에 상석과 장명등이 놓여있고, 망주석, 문인석, 석마가 한 쌍씩 세워져 있다.

사릉 묘역은 수십 년생 소나무로 둘러싸여 있어 정순왕후의 애틋한 그리움을 후세에 전해주고 있는 듯하다. 1984년에는 사릉의 소나무 두 그루를 영월 단종 능인 장릉莊陵에 옮겨 심어 두 분의 한 맺힌 넋을 풀어 주고자 하였다.

▲ 장릉의 문인석 ⓒ윤종일
비운의 소년왕 단종을 애도하듯 울음을 터트릴 것 같은 표정을 하고 있다.

[http://남양주타임즈 2006.7.21]

# 조선 최고의 천문학자 이순지李純之

▲ 이순지 묘 ⓒ김준호

　이순지李純之(1406~1465) 선생은 조선 초기의 문신이며 천문학자로 본관은 양성陽城, 자는 성보誠甫, 시호는 정평靖平이다. 중추원부사를 지낸 맹상의 아들로, 현재 국가에서 우리나라 50인 위인 중 과학 분야 제1인자로 선정한 인물이다. 선생은 5세 때까지 말도 잘 하지 못하고 병약하였으나 어머니 유씨 부인의 극진한 보살핌으로 훌륭한 청년으로 성장하였다. 천품이 치밀하고 공손했으며 기사에 있어서 매사에 절제가 있었다. 처음에는 음보로 관직에 나가 동궁행수가 되었다가 1427년(세종 9) 전시문과에 급제하였다.

과학기술인 명예의 전당에 헌액된 공식 공적은 아래와 같다.

> 이순지는 전통시기 한국 천문학을 세계수준으로 올려놓은 천문학자이다. 20대 후반에 세종에 의해 천문역법 사업의 책임자로 발탁되어 평생을 천문역법 연구에 바쳤다. 중국과 아라비아 천문학을 소화하여 편찬한 칠정산 내편과 외편은 그의 대표적 업적이다. 이로써 우리나라는 역사상 처음으로 관측과 계산을 통한 독자적인 역법을 갖게 되었다.

이순지는 25세 전후에 세종에 의해 발탁되어 천문, 역산을 연구하기 시작하였는데, 세종이 이순지를 신임한 이유는 세조실록에 아래와 같이 기록되어 있다.

> 이순지의 자는 성보이며 경기도 양성 사람이니, 처음에 동궁행수로 보직되었다가 정미년에 문과에 급제하였다. 당시 세종은 역상이 정하지 못함을 염려하여 문신을 가려서 산법을 익히게 했는데, 이순지는 우리나라가 북극에 나온 땅이 38도 강이라고 하니 세종이 의심하였다. 마침내 중국에서 온 자가 역법을 바치고는 말하기를 "고려는 북극에 나온 땅이 38도 강입니다."하므로 세종이 기뻐하시고 마침내 명하여 이순지에게 의상儀象을 교정하게 하였다.

이것의 의미는 이순지는 서울의 북극고도가 38도 남짓이라고 계산했는데 세종은 이순지의 계산이 틀렸다고 믿고 있었다. 그런데 중국에서 온 천문학 책에서 그 값이 맞다는 것을 확인하고서 이순지를 크게 신임하게 되었다는 것이다. 북극고도란 현재로 말하면 북위北緯를 뜻하는 것으로 현재의 서울은 38도 남쪽에 있다.

왕조를 개창한지 얼마 되지 않은 조선왕조는 유교적 이념에 맞게 왕실의 권위를 확고히 하기위해 천문역법의 정비가 절실했다. 천체 현상의 법칙을 정확하게 파악한다는 것은 하늘의 뜻을 제대로 파악하는 것이기에 매우 중요한 일로 세종은 이에 천문역법에 대해 남다른 관심과 열정을 쏟았다.

그러나 조선 나름의 천문역법을 세운다는 것은 매우 어려운 일이기에 세종은 이 일을 위해 천문의기를 이론적으로 뒷받침할 책임자로 이순지를 발탁한 것이다. 이때 같이 일에 참여한 인물로는 천문의기 제작 총괄 감독 이천, 실무적으로 제작 개발한 장영실이 있다.

이런 연유로 이순지는 1431년(세종 14)부터 경회루 서북 편에 설치된 간의대의 관측 책임을 맡아 그 서쪽에 12m가 넘는 동표를 세워 해의 그림자를 관측했고, 서략에 혼의와 혼상도 세웠다. 또 경회루 남쪽에 장영실이 설치한 자격루·옥루(한눈에 계절의 변화와 하루의 시각을 알리는 천문기기)에 대하여 금담·금조·이천·장영실 등과 협력하여 여상을 바로잡고 간의규표·대평현주·양부일구·자격루 등을 제작·설치하였다. 주로 의상과 규표를 이용하여 천문관측에 전념하던 중 1436년 모친상을 당해 3년간 거상하려 했으나 왕의 특명으로 이듬해 벼슬을 호군으로 높여 천문관측과 역산연구에 전념케 되었다.

이순지는 천문의기 제작 프로젝트가 마무리되자 서운관원이 되어 『칠정산내외편』을 편찬하였다. 칠정산이란 '7개의 움직이는 별을 계산한다.'는 뜻으로 해와 달, 5행성(수성, 금성, 화성, 목성, 토성)의 위치를 계산하여 미리 예보하는 것이다.

1431년 세종은 정인지·정초·정흠지에게 명하여 『칠정산내편』을 만들게 하고, 이순지와 김담에게는 『칠정산외편』을 만들게 하였다. 이순지는 이를 위해 1431년 명나라에 연수를 가기도 하였다.

이중 『칠정산내편』은 세종의 명에 의해 원나라의 『수시력』과 명나라의 『통궤역법』을 참작, 서울 위도에 맞게 저술한 역법이며, 『칠정산외편』은 내편을 편찬한 후 원나라를 거쳐 명나라로 넘어온 아랍 천문학보다 발전된 이론을 다루고 있는데, 회회역경통경과 가령역서를 개정 증보하여 만든 책으로 5백여 년 전에 나온 이 역서의 내용이 현대 천문학자들도 놀라게 할 만큼 정밀, 정확하였다. 예를 들면 선생의 '교식추보가령' 교식표에 실린 한양의 위도가 오늘날의 위도와 거의 일치하고 있음만 보아도 그 학문의 깊이를 알게 한다. 이로 인해 조선의 역법은 완전히 정비되었는데 이는 한국 역사상 최초로 서울을 기준한 역법체계를 갖추게 되었음을 의미한다. 이듬해 김담 등과 함께 경기도 지방의 양전을 지휘 감독하였다. 당시 세종은 "최근의 양전 사업에 만약 이순지·김담과 같은 인재가 없었더라면 어찌 해낼 수 있었겠는가." 하고 칭찬해 마지않았다. 1445년(세종 27) 그때까지 조사·정리된 모든 천문관계 문헌과 이론을 체계화하여 일종의 천문학 개론서인 『제가역상법』 4권을 편찬하였으니 천문·역법·상의·구루 등 네 부분으로 나누어 서술했고 이 책의 발문을 썼다. 또 1457년(세조 3)에는 세종 대에 정리되었던 일월식 계산법을 알기 쉽게 편찬하라는 왕명을 받고 김석제와 함께 그 법칙을 외우기 쉽게 산법가시를 짓고 사용법 등을 덧붙여 『교식추보법』 2권 1책을 완성하였다. 이 『교식추보법』은 뒤에 천문분야 관리채용의 1차 시험인 음양과 초시의 시험교재로 쓰일 만큼 일반화 되었다. 1444년(세종 26) 동부승지에 올랐고 문종이 즉위하던 1451년 지중추원사가 되었으며 호조참의를 거쳐 관압사로 명나라에 다녀왔다. 이어 단종이 즉위하던 1452년 예조참판, 1454년 호조참판을 거쳐 1456년(세조 2) 1월 한성부윤, 이듬해 다시 예조참판이 되었다가 1458년 공조참판으로 사은사가 되어 재차 명나라에 다녀왔다. 1459년(세조 5) 10월 판한성부사에 임명되어 1년반 가까이 재직하다가 1461년 1월 사임하였다. 이후 서운관제조를 거쳐 1465년(세조 11) 벼슬이 판원중추사에 올라 행상호군으로 있다가 60세를 일기로 별세하였다. 시호는 정평이다.

▲ 이순지 신도비(1984년 세움) ⓒ김준호

이순지는 풍수지리분야에도 대가로 알려져 있는데 세종과 세조가 왕실의 장지葬地를 결정하는 데 자문을 구하자 이에 응하였으며, 왕명에 따라 풍수지리서인 『기정도보』를 편찬하기도 하였다. 특히 세조는 음양, 지리에 대해서는 반드시 이순지와 논의하겠다고 말할 정도였다. 조선시대 최고의 천문학자였으며 성격이 치밀하고 자연과학에 대한 연구에 부지런하여 산학·천문·음양·풍수 등 네 분야에 대한 조예가 깊어 수학자·풍수지리학자로서의 이름과 업적을 남겼다. 저술로는『천문류초』1권 1책·『의식추보가령』2권 1책·『선택요약』3책·『칠정산외편』5권 5책·『제가역상법』4권 4책·『기정도서속편』3편·『경오원력』·『대통역일통궤』·『사여전도통궤』·『선덕시비년오월성능범』·『중수대명역』·『대양통궤』등을 남겼다. 이들 저서를 보면 선생의 그칠 줄 모르는 학문에 대한 탐구와 그 열정에 머리 숙이지 않을 수 없으니 사서삼경과 문학에 주력하던 당시의 풍토에서 선생과 같은 위대한 천문학자이며 수학자이며 선구적인 과학자가 나왔음은 우리의 자랑이라 할만하다.

조선 최고의 천문학자 이순지는 1465년(세조 11) 세상을 떠났다. 말년에 과부가 된 그의 딸이 여장 노비 사방지舍方知와의 추문에 휘말려 세상을 떠들썩하게 했지만 그의 생애는 왕의 총애를 받는 등 학자로서의 행복한 삶을 살았다고 볼 수 있다.

묘소와 신도비가 남양주시 화도읍 차산리 산5의 1번지에 위치해 있으며 경기도 지방문화재 제54호로 지정되어 있다. 그런데 선생의 신도비는 1984년 10월에야 양성이씨대종회에서 세운 것으로, 그 이유는 조선시대에는 종1품의 관직에 있었으면 신도비를 세우는 원칙이었으나 선생의 재종이 되는 이휘가 사육신과 같이 단종 복위에 연류된 관계로 신도비가 세워지지 않았다.

[http://남양주타임즈 2006.7.28]

# 조안 배나무 용진 3·1독립운동

옛 배나무 용진부락인 송촌리에 3·1독립운동 소식이 전달되기는 당시 서울 경신학교敬新學校 3학년 학생인 이종호李鍾浩(1894~1970) 학생으로부터 3월 7일 서울에서의 손병희孫秉熙 등에 의한 조선독립의 선언 소식이 전달됨으로서 비롯되었다. 이때에 이정성李正成 · 김춘경 金春經 · 김현모金顯模 · 김정하金正夏 등은 1914년 용진 교회龍津敎會가 주동이 되어 건립한 사립 경진학교敬 進學校의 교사 그리고 교회청 년들이 거사 준비에 착 수하였으니 경진학교에 서 태극기를 제작하고 월 14일 경진학교에 모 여 거사일을 3월 15일 로 결정하였다.

따라서 다음날 15일 에는 아침 일찍부터 용 진교회 신도 전원은 물 론 동리 주민 전원과 이

▲ 파괴된 용진교회 ⓒ김준호

제까지 준비에 앞장선 이정성李正成·김춘경金春經·김현모金顯模 등 3명과 김덕여金德汝·정일성鄭一成·이갑동李甲同·오성준吳成俊·김덕오金德五·이정운李正雲·김윤경金允京·이건흥李建興 등과 함께 태극기를 앞세우고 송촌리 주민과 부근 주민 100여 명이 모여 '대한독립만세'를 외치면서 면소재지인 덕소를 향해 진중리를 거쳐 조안리와 그 부근에서 전태현全泰鉉·김현유金鉉有·박경식朴景植·문광채文光彩·이내한李來漢·박수만朴壽萬 등을 비롯한 주민들이 합세하여 능내리, 팔당을 지나 덕소에 다다르자 시위군중이 500여 명으로 커졌다. 면사무소 주위를 돌며 시위를 강행하던 중 서울에서 출동한 일본 헌병들과 충돌하게 되었고 주동 인물인인 이정성·김춘경·김윤경·정일성 등이 현지에서 체포되자 분위기는 매우 격화되었다. 주동인물이 체포되

▲ 용진3·1의거 기념비 ⓒ윤종일

자, 시위군중들은 체포된 동료 석방을 요구하며 총검으로 무장한 일본 헌병에게 곤봉을 휘두르며 맞서는 한편 헌병주재소를 습격하였다. 따라서 시위 군중들의 완강한 저항에 직면한 일본 헌병들은 마침내 공포를 발사하는 한편 40여 명의 시위 군중을 체포하고 군중을 해산시켰다. 그러나 시위대가 해산된 것으로 끝난 것이 아니라 17일 마을 수색하여 송촌리 주민 21명을 체포하였다.

시위 군중과 일본 헌병과의 충돌에서는 비록 희생자는 없었으나 3월 15일, 17일 체포된 61명 가운데 4월 25일 경성지방법원에서 재판을 받았다. 17명이 기소된 것은 양주군 내에서 개별 사건으로는 최대의 기소 인원을 기록이다. 당시 시위 주도자인 이정성(농업, 기독교인, 41세)·김춘경(농업, 기독교인, 26세)·김현모(농업, 기독교인, 41세) 등 3명은 징역 1년6개월, 김덕여(농업, 기독교인, 45세)·정일성(농업, 기독교인, 18세)·이갑동(농업, 25세)·오성준(농업, 기독교인, 35세)·김덕오(농업, 38세)·이정운(농업, 기독교인, 36세)·김윤경(농업, 기독교인, 52세)·이건흥(농업, 기독교인, 34세)·전태현(농업, 22세)·김현유(농업, 39세)·박경식(농업, 38세)·문광채(농업, 59세)·이내한(농업, 37세)·박수만(농업, 기독교인, 23세) 등 14

▲ 용진 3·1의거애국선열추념탑 ⓒ윤종일

명은 징역 8개월을 선고받았다.

이들은 형량의 억울함을 상소하였지만, 5월 30일 경성복심법원과 7월 10일 고등법원에서 각각 원심대로 판결함으로써 미결통산 20개월에서 12개월을 서대문·원산·함흥형무소에서 각각 복역하였다. 그리고 이들은 출옥 후에도 국내외의 항일운동에 참여하고 지역사회 발전에도 많은 공헌을 하였다.

▲ 용진부락 3·1운동 관련 경성지법 재판기록

[http://남양주타임즈 2006.8.4]

# 송은 정충환

▲ 정충환 묘 ⓒ임병규

송은松隱 정충환鄭忠煥(1888~1962) 선생은 양주楊州 출생으로 서울 동부東部 연화방蓮花坊 연지동蓮池洞으로 이주하여 살다가 의병義兵이 되었다.

선생은 육당 최남선崔南善의 형제들과 동문수학하고 을사늑약 당시 80여 명의 동지를 규합, 창의군倡義軍을 일으킨 바 있다. 이어 선생은

1908년 5월 양주 출신 황재호黃在浩 의병부대에 합류, 양주군 묵은면默隱面(현 은현면)에 진입, 의병투쟁에 필요한 군수품을 확보하였다. 이어 같은 18일 포천군 덕둔리에 군자금을 모금하다가 일본군의 습격을 받고 체포되었다.

▲ 정충환 묘비 ⓒ임병규

1909년 2월 4일 경성지방재판소에서 징역 5년형을 선고받고 경성공원소에 항소하였으나 3월 19일 기각되었고, 다시 대심원에 상고하였으나 4월 5일 기각되어 복역하였다. 선생은 징역 5년의 옥고를 치른 후 민족 자주독립에 뜻을 두고 『신문관』·『광문관』·『시대일본』 등의 지면을 통해 폭넓은 논설활동을 펼쳤다. 정부에서는 그의 공을 기리어 1989년 대통령표창을 추서하였다.

선생의 묘는 원래 다른 지역에서 안장되어 있었으나 후일 남양주시 별내면 용암리 독암촌 후산으로 이장하여 오늘에 이르고 있다.

[http://남양주타임즈 2006.8.11]

# 수동팔경水洞八景

물골안에 들어서니 지난 장마가 할퀴고 지나간 흔적이 아직도 완연하여 당시의 참상을 가늠케 한다. 많은 장비와 인력을 투입하여 그래도 이만큼 복구가 되고나니 옛 모습을 대할 수 있어 다행스런 일이다. 물골안 계곡에 연하여 있는 마을 이름부터가 다분히 시취(詩趣)요, 화의畵意 그대로이다.

송천리松川里, 운수리雲水里, 입석리立石里, 수산리水山里하며 석수대石水臺와 만취대晩翠臺는 사료史料로서도 가볍게 다룰 수가 없다.

제1경第一景 : 석수장림石水長林이라 한 것으로 미루어 울창한 숲을 꼽고 있으나 오히려 암반岩磐을 타고 흐르는 물과 석수대를 떠받치고 있는 거암巨岩에 "석수동石水洞"이란 큰 각자가 눈길을 끈다.

비록 희미한 흔적뿐이지만 명필로 보여 탁본을 하여 보관하기로 하였다. 울창한 장림長林 속 큰 바위에 "낙역무궁樂亦無窮"이란 시구가 예서로 각자되어 있어 이곳을 더욱 어울리게 하고 있다. 지금은 감리교 교육원으로 쓰이고 있으나, 일제 강점기에는 친일親日을 한 방方 아무개의 구기舊基였다.

중국 건축가의 설계로 대저택을 짓고 살았으나 그 자리에는 교육원이 들어섰고 화려한 담장만 50여 m 남아있어 그때의 사치함을 짐작하겠거니와 석빙고石氷庫는 지금도 남아있다.

그 뿐이랴! 아녀자들이 목욕을 하였다는 곳은 바위 위에서 솟아나는 석간수石澗水를 사용하였단다. 지금은 초석만 남아있다. 마당에 뒹구는 석탑도 예사롭지가 않다.

결국 그는 해방과 동시에 쾌라리 산 속으로 도망하여 지내다가 다시 신변의 위험을 느끼고 강원도 어느 산 속으로 들어간 후로는 행방이 묘연하다는 것이 이곳 노인들의 증언이다.

석수대에서 약 30m정도 상류 쪽으로 올라가다가 물속을 들여다보면 약 10여 평 됨직한 암반岩磐이 있는데 이곳이 별유동別有洞이다.

여기 역시 예외는 아니어서 이름 모를 소요묵객逍遙墨客이 새겨 놓은 "거연아천석居然我泉石"과 작은 글씨로 "편애청산偏愛靑山 청불노靑不老"란 시구도 각자되어 있다.

그러나 볼품없는 다리가 그 위를 지나게 되어 이런 귀중한 유적이 보호밖에 두어야 된다니 문화인으로서 차마 못 볼일이다.

제2경第二景 : 만취육교晚翠陸橋

▲ 편애청산偏愛靑山 청불노靑不老 암각 ⓡ임병규

라 하였으나 지금의 육교는 새로 만들어진 것이 분명한데 옛 다리는 볼만 했나보다.

만취대晩翠臺는 옛날 가평현으로서 현의 서남쪽에 운하천雲霞川이 경계하여 양주에 접하였다.

운하천은 지금의 수동천水洞川을 말하며 만취대 아래에는 못[潭]이 있고 거암 절벽이 병풍처럼 깎아질러 서 있으며 바위색色은 희다 못해 창백하고 바위주름은 부벽준斧劈皴을 이루었으니 기관奇觀이요, 기승奇勝이라 하였는데, 이 말은 농암農巖 김창협金昌協(1651~1708)선생의

▲ 별유동 암반

「유만취대기游晚翠臺記」를 인용한 것이다.

농암선생은 52세 때 추석秋夕날 이곳 만취대에서 하루를 묵으며 주인 이씨李氏의 청으로 기記와 서書를 써 주었다.

농암 김창협은 안동 김씨安東金氏 명가의 후예로서 청음 김상헌의 증손이요, 영상 김수항의 둘째 아들이다.

자는 화중和仲이요, 호는 농암農巖, 삼주三洲며 대사성大司成에 이르고 그림도 잘 그리고 전서篆書를 잘 썼다.

금석작품金石作品으로는 이단상비, 김명원 신도비의 전액篆額이 있고, 특히 문장에 능하며 『농암집農巖集』이 전한다.

겸재 정선鄭敾이 그린 수석동水石洞에 있던 삼주삼산각三洲三山閣은 농암의 별서를 소재로 한 작품으로 그림으로나마 접할 수 있어 다행이다.

제3경第三景 : 비룡채운飛龍彩雲 비룡마을에 들어서니 하늘엔 여러 빛깔로 아롱진 곱디고운 뭉게구름이 가득하여 마치 구름에 채색한 듯 아름답다.

제4경第四景 : 당두평야唐頭坪野는 수동천水洞川 오른쪽은 축령산祝靈山이요, 왼쪽은 천마산天摩山이 높이 솟은 사이 당두마을이 자리하고 주위에 제법 넓은 들이 전개된다.

제5경第五景 : 수교망월水橋望月은 돌다리에 올라 보름달을 바라보는 경치.

제6경第六景 : 운수모연雲水暮煙은 운수리의 저녁 연기.

제7경第七景 : 황소명사黃沼明沙는 황소대黃沼臺의 빛나는 모래를 칭함이니 황소黃沼는 지금의 입석리立石里요, 옛 지명은 가평치加平治 서면西面 청의리靑衣里이다. 개발로 인하여 옛 자취는 찾을 길 없으나 누런색의 물과 아름다운 바위만은 그대로이니 다행스런 일이다.

아름답던 모래밭은 전답으로 개간되고 한가운데 송회영宋會英(1796~1856) 신도비가 덩그러니 서있으니 내관의 신도비는 흔치않은 바 매우 귀중한 문화재로서 연구자료이다.

제8경第八景 : 비금계곡秘琴溪谷은 비금의 계곡이 아름다워 오남읍 괘라리에 살던 북창北窓 정렴鄭磏(1505~1549)이 자주 찾아 즐긴 곳으로서 지금의 몽골촌이 있는 근처이다.

위의 8경은 이영보李英輔(1687~1747)의 동계유고東溪遺稿에 기록된 글이다(1999.2).

[http://남양주타임즈 2006.8.18]

# 귤산 이유원

　귤산橘山 이유원李裕元(1814~1888)은 본관 경주慶州이고 백사白沙 이항복李恒福의 9세손으로 자는 경춘景春, 호는 귤산橘山·묵농墨農, 이조판서를 지낸 계조啓朝의 아들이다. 시호는 충문忠文이며 75세의 일기로 생을 마감한 조선 말기 학자요, 경세가輕世家로 헌종(1827~1849)·철종(1831~1863)·고종(1852~1919) 등 3대에 거쳐 국가의 중대사를 총괄하였다. 외숙外叔인

▲ 이유원 묘 ⓒ임병규

박기수朴綺壽(1774~1849)를 사사하여 학문적 업적을 쌓았다.

　이유원의 관력은 매우 화려하다. 1841년(헌종 7) 정시문과에 병과로 급제하여 대교待教 등의 직책을 시발로 하여 1845년 동지사冬至使의 서장관書狀官으로 청나라에 다녀온 후1849년(철종 원년) 의주부윤, 이조참의 1851년(철종 2) 전라도 관찰사, 성균관 대사성, 1855년(철종 6) 이조참판, 1858년(철종 9) 사헌부 대사헌, 규장각 직제학, 1859년(철종 10) 형조판서, 1860년(철종 11) 의정부 참찬, 한성판윤, 예조판서, 1861년 공조판서, 황해도 관찰사, 1862년(철종 13) 함경도 관찰사를 역임하였다. 고종 대에 와서 그는 좌의정으로 승진되었다. 같은 해 9월 사의를 표했지만 받아들여지지 않았고, 흥선대원군이 집권하자 1865년(고종 2) 수원유수水原留守로 좌천되었다가 중추부영사中樞府領事로 전임되어『대전회통大典會通』 편찬 총재관摠裁官이 되고, 1873년 흥선대원군이 실각하자 영의정으로 조정에 복귀하였다. 이때 이유원은 고종으로부터 "경을 발탁하여 영의정에 임명한 것은 나의 간곡한 뜻이다. 수년간 교야郊野에서 한가로이 지냈지만, 정자程子가 말한 것처럼 몸은 비록 견묘畎畝에 있었으되 마음은 항상 조정에 있었다는 말은 경의 경우에 부합되는 것으로 안다. 그러니만큼 하루 빨리 부임하여 나의 기대에 부응하기를 기다린다."라는 유시를 받기도 하였다.

　수장비의 비문은 윤정현尹定鉉이 지었고, 후기는 김흥근金興根, 김병학金炳學, 남병철南秉哲, 조두순趙斗淳, 김좌근金左根 등이 찬했다.

　대원군이 집권하는 동안 이유원은 화도읍 가오곡嘉梧谷 향리에 은거하다가 고종의 친정이 시작되자 영의정으로 발탁되어 경륜을 유감없이 발휘하였다.

1875년 주청사奏請使로 청나라에 다녀온 후 인천仁川의 개항을 주장하였으나 수구파守舊派의 공격을 받고 중추부영사로 물러앉아 1880년 치사致仕하고 봉조하奉朝賀가 되었다.

1882년(고종 19) 김홍집과 함께 전권대신全權大臣으로 일본의 변리공사辨理公使 하나부사 요시타다花房義質와 강화도조약을 체결하였다. 이 강화도조약이 민족사에 있어 어떠한 영향을 주었는지는 접어두고라도 귤산 이유원이 개항에 반대한 대원군 및 그를 추종하는 사인들과는 달리 개항을 해야만 조선이 부흥할 수 있다는 신념을 가진 것은 사실이다.

대원군 집권 이후 몇 년간의 공백을 제외한 관직기간 중 두 번이나 청나라에 다녀온 것은 이유원의 인생관과 세계관에 커다란 변화를 가져다주었다. 1845년(헌종 11) 서장관으로 청나라에 다녀온 것과, 1875년(고종 12) 주청사로 청나라에 다녀온 것

▲ 이유원 수장비 ⓒ임병규

이다. 두 번째 청에 다녀온 후 그는 그가 겪은 일들을 국정에 반영하려고 노력하였다. 그가 건의한 것 중에서 숭령전崇靈殿(단군사당)과 숭인전崇仁殿(기자를 모신 사당)의 참봉문제와 숭인전을 모시는 선우씨(기자의 후손으로 인정했다) 문제를 거론한 것이 주목된다.

1866년(고종 25) 9월 6일 사망하였다. 부음을 접한 고종은 그의 업적을 아래와 같이 밝히며 애통해 하였다.

봉조하奉朝賀 이유원의 부음을 접한 임금은 다음과 같이 지시하였

다. 이 대신은 영민한 자질과 강직한 지조를 지녀 지난 날 매사를 의
지하면서 기대를 걸고 일을 맡겨 공적을 쌓은 것이 적다고 할 수 없
다. 나이는 많았지만 기력은 오히려 왕성했으며 물러나 휴식하겠다는
뜻을 비록 허락했지만, 조정의 일을 도와주려는 의지는 더욱더 절실
했다. 국가를 위하여 어려운 일을 짊어지고 앞장서서 곤란한 일도 처
리하기를 꺼리지 않았다. 위급한 때 일을 당하면 적절한 조치를 적시
에 취함에 있어서 쉽고 어려운 일을 가리지 않았다. 훌륭한 계책을 개
진하여 한결같이 성의를 다해 보답했으므로 서로를 의지하고 있었기
때문에 떨어질 수 없는 정분이 있었고, 그러므로 높은 표창도 주었는
데, 이제 생애를 마감했으니 언제 다시 볼 수 있겠는가. 말을 하자니
슬픔이 복받쳐 뭐라고 표현하기가 어렵다. 작고한 이봉조하李奉朝賀의
상사에 동원부기東園副器 일부를 보내고 성복일成服日에 승지를 파견하
여 치제케 하는데, 제문은 내가 친히 짓겠다. 시호諡號를 주는 문제는
봉상시奉常寺에 명령하여 시장의 제작을 기다리지 말고 즉시 처리하
라. 봉급은 향후 3년 동안 계속 지급하고 장례절차는 전례에 따라 거
행하라.

  귤산은 이유원의 호로 "귤산은 종남산의 다른 명칭이기도 하고, 열
두 달 중의 두 번째 달을 말할 때 귤월橘月이라고도 하며 산이 을방乙
方에 가깝기 때문에 일명 태을산이라고도 한다. 『오경요의五經要義』에
자세히 적혀있다. 나는 이같은 뜻을 취하여 '귤산'을 나의 호로 한
다."고 이유원 스스로 말했다. 이유원이 귤산으로 자호自號한 것은 은
거지隱居地라는 의미를 옛적부터 지녔던 종남산終南山의 뜻을 특히 유
의한 것으로 보인다.

고종은 친히 제문을 짓고, 어려운 일을 마다하지 않고 솔선하여 처단한 과단성과 일을 당할 때마다 지혜롭게 처리하는 탁월한 행정력을 높이 평가했으며, 수구파의 개항 저지를 막아내고 강화조약을 체결한 업적을 기렸다.

저서에 『귤산문고』·『가오고략嘉梧藁略』·『임하필기林下筆記』 등이 있다.

▲ 보광사 제3폭에 있는 암각 ⓒ윤종일

[http://남양주타임즈 2006.8.25]

# 수락팔경 水落八景

남양주시 별내면 청학리는 의정부시와 경계하고 왼편으로 수락산水
落山 청학동靑鶴洞 계곡이 아름답게 전개된다.

오르다 보면 계곡 오른쪽 길옆에 미려하고 장대한 신도비가 서있는
데 1814년(순조 14)에 세운 이홍술李弘述의 것이다.

이홍술(1647~1722)은 전주사람으로 현종 때 무과에 급제하여 삼도수
군절도사를 거쳐 어영대장, 포도대장, 훈련대장에 오르고 경종 때 형
조판서와 한성부판윤을 지낸 무인이다.

수년 전 묘역 조사 때만 해도 석물을 모두 갖춘 위용 있는 묘역이
었으나 지금은 흔적 없이 사라지고 신도비만이 홀로 서서 세월의 무
상함을 슬퍼하는 듯 부질없이 감고感古의 회懷를 자아내게 한다.

▲ 「금류동천」 암각문 ⓡ임병규 · 양문순

이를 뒤로하고 조금 오르다 보면 마당바위로 칭하는 큰 바위가 있고 바로 아래 계곡이 수락산 제1폭인 옥류폭포玉流瀑布가 위치한 옥류동이다.

그러나 인간의 무지로 인하여 시멘트로 겹겹이 막히고 본래의 경관은 흉측하게 파괴되어 옛 자취를 짐작할 수 없어 애석하다.

2백여 m를 더 올라 수락의 진수를 완상할 수 있었으니 이는 산림감시초소 때문이라 매우 잘한 행정이다.

작은 돌다리를 지나면 두 갈래 계곡이 펼쳐지는데 왼쪽이 백운동白雲洞의 은류폭포銀流瀑布로써 수락산 팔경八景의 하나다. 오른쪽으로 오리궁둥이바위가 있는데 바위를 쪼아 만든 암계岩階와 쇠난간을 의지하여 숨차게 오르니 212돌계단이 가파르게 놓여 있고 왼쪽이 금류폭포金流瀑布로써 떨어지는 세찬 물줄기는 나그네의 땀을 식혀준다.

수직절벽에는 금류동金流洞이라는 작은 각자刻字가 있으나 정허 거사居士는 자운동紫雲洞이라 했으니 상고上考할 수는 없다.

돌계단을 모두 오르면 폭포 정점 드넓은 바위에 '금류동천金流洞天'이란 대자大字가 각자刻字되어 있으나 어느 선인先人의 수적手迹인지는 가늠할 수 없고 다만 도광정유道光丁酉의 명기銘記로 보아 1837년의 것이 분명하다.

한 글자의 크기는 130×130㎝요, 전체로는 635×130㎝의 대작大作으로서 현재까지 우리 남양주 지역에서 가장 크며 수작秀作으로 꼽는다.

은류폭포가 4단으로 비교적 완만하게 흐르는 반면 금류폭포는 30여 m를 내려 쏟는 물기둥이 장관을 이룬다.

무심히 지나쳤던 금류동천을 내가 가르친 문화학교 학생들의 노고로 재발굴되어 빛을 보게 되었으니 큰 보람을 느낀다.

　다음은 연대 미상의 정허스님의 수락팔경水落八景을 소개한다.


　　　＜수락팔경水落八景＞


　　　양주라 수락산을 예듣고 이제오니
　　　아름답게 솟은 봉峰이 구름 속에 장관일세

　　　청학동青鶴洞 찾아들어 옥류폭玉流瀑에 다다르니
　　　거울 같은 맑은 물이 수정같이 흘러가네.

　　　푸른 송림松林 바위길을 더듬어 발 옮기니
　　　백운동白雲洞의 은류폭銀流瀑이 그림같이 내려 쏟고

　　　자운동紫雲洞에 돌아들어 금류폭金流瀑을 바라보니
　　　선녀 내려 목욕할 듯 오색서기 영롱쿠나.

　　　마륵봉의 흰구름은 하늘가에 실려 있고
　　　향로봉의 맑은 바람 시원하기 짝이 없네.
　　　칠성대 기암괴석 금강산이 무색하고
　　　울긋불긋 고운 단풍 그림인 듯 선경인 듯

　　　내원암內院庵 풍경소리 저녁연기 물소리에
　　　불로경 맑은 약수藥水 감로수가 이 아닌가

　　　선인봉 영락대에 신선 선녀 놀고 가니
　　　청학青鶴 백학白鶴 간 곳 없고 구름만이 오고가네.


　　　　　　　　　　　　　　　　[http://남양주타임즈 2006.9.2]

# 조말생 묘 및 묘비

조말생趙末生(1370~1447)은 조선 초기의 문신이자 서예가로 자는 근초謹初·평중平仲, 호는 사곡社谷·화산華山, 본관은 양주楊州, 서운관정書雲觀正 의誼의 아들이다.

조말생은 어려서부터 총명하고 슬기로우며 학문을 힘써서, 1401년 (태종 1) 중시문과에 장원급제에 뽑혀서 요물고부사料物庫副使에 제수되었고, 감찰監擦·정언正言·헌납獻納을 거쳐

▲ 조말생 묘역 ⓒ김준호

이조정랑吏曹正郎으로 영전하였다. 1403년(태종 3) 등극사登極使의 서장 관으로 명나라에 다녀왔다.

1407년(태종 7) 문과 중시重試에 둘째로 뽑혀 전농시부정典農寺副正에 제수되었으며, 이어 사헌부장령司憲府掌令·예문관직제학藝文館直提學을 역임하였고, 이듬해 장령을 거쳐 1411년(태종 11) 판선공감사判繕工監事 가 되었다가 곧 승정원동부대언承政院同副代言에 임명되었다가 지신사 知申事가 되었다.

1418년(태종 18) 이조참판을 제수 받고 품계를 뛰어서 가정대부嘉靖 大夫로 가자加資되자, 조말생은 사양하여 말하기를, "신이 오래 출납하 는 지위에 있으면서 조금도 계옥槃沃한 것이 없사온데, 등급을 뛰어 제수하시오니 성은이 너무 지중하와 진실로 마음에 부끄럽사옵니다." 하니 태종이 말하기를, "경을 대신 자리에 두고자 하나 아직 천천히 하려 하니 사양하지 말라." 하였다.

이어 8월에는 형조판서를 제수 받았다가 곧 병조판서에 임명되어 군정軍政에 관한 시종侍從을 맡아 태종의 총애가 더욱 융숭해졌다.

1419년 6월 이종무의 대마도 정벌 후, 조말생은 병조판서로서 세종 의 지시를 받아 '대마도는 조선 땅이며 경상도의 계림鷄林에 속한다.' 는 서찰을 대마도주에게 전하기도 하였다.

1426년(세종 8) 장죄贓罪에 연좌되어 외직으로 좌천되었다가 곧 1432 년(세종 14) 동지중추원사同知中樞院事에 임명되고, 1433년(세종 15) 함경 도 관찰사 겸 함흥부윤 때 우의거亏狄哈침입을 격퇴하였으며, 1435년 (세종 17) 판중추원사에 이르렀다.

1437년(세종 19) 예문관대제학을 지내고 1438년(세종 20) 경상·전

▲ 조말생 묘비 귀부 ⓒ김준호

라·충정 도순문사로서 축성을 감독하였다. 1439년(세종 21) 궤장几杖
을 받고 기로소耆老所에 들어갔으며, 임술년 숭록대부崇祿大夫에 승차
되었다가, 이 해에 세상을 떠나니 이때가 78세이다. 시호는 문강文剛.

특히 묘비는 귀부와 비신, 팔작지붕의 옥개석으로 되어 있는데 웅
장한 자태를 보여주고 있는 것이 특징이다. 조말생은 죽어 금곡에 안
장되었으나 그곳에 고종황제의 능이 들어서면서 수석동 산2-1번지로
이장되어 현재에 이르고 있으며, 조말생 묘비는 향토유적 제8호로 지
정되어 있다. 현재 고산대로 길(석실서원지) 수석리 입구에 있는 문화재
안내 표지에는 '조말생 신도비'로 되어있다.

[http://남양주타임즈 2006.9.15]

# 해우소解憂所

▲ 흥국사興國寺 해우소 ⓒ임병규

요즘 TV에서 해우소란 그림을 가끔 보게 된다.

어떤 우유회사의 판촉광고이다. 그런가 하면 지난달엔 느닷없이 어느 사진작가가 전국 사찰에 딸린 해우소解憂所를 소재로 하여 해우소전解憂所展을 연다고 신문을 장식하였다.

격세지감隔世之感이 든다.

하나는 무슨 우유를 마시면 장이 편안해져 배변排便에 좋다하고, 한쪽에서는 모든 사람이 꺼리는 뒷간을 소재로 하여 예술로 승화하려 한다.

해우소란 요새 말로 하면 변소 또는 화장실을 일컫는데 주로 사찰에서 쓰인 말로서 근심을 없앤다는 장소를 이른 용어이다.

여기서 근심이란 변비便秘를 걱정하는 뜻으로 보인다.

우리는 통상 먹는 것은 우선시 하나 배설의 중요성은 그리 다루려 하지 않기 때문에 변소는 지저분하고 불결한 곳으로 보아왔다.

사람은 먹으면 소화시키고 먹은 만큼 배변排便을 해야 살아갈 수 있다.

이런 과정에서 불균형이 이루어졌을 때 고통이 수반되어 근심스러울 수밖에 없다. 즉 대소변의 상태는 질병과 직결되기 때문에 오죽하면 해우소라 하였겠는가.

해우소를 지저분하고 불결한 곳으로 생각할 수도 있다. 그러나 반대로 가장 중요한 장소인 것이다.

해우소와 배설은 떼어놓을 수 없는 현실이었으나 이만큼 중요한 해우소가 뒷전으로 잠긴 채로 세인의 앞에 전개되지 못하고 있는 마당에 TV의 광고나 해우소전은 신선한 충격일 수밖에 없다.

지금을 살아가는 우리들로서는 다분히 비위생적이요, 전근대적이라고 할 수 있겠으나 급하면 어느 누구라도 들리지 않을 수 없는 해우소는 그 기능을 상실했다고 볼 수만은 없다. 아직도 이용자들에게 많은 기쁨을 주는 곳이기 때문이다.

요즘 아이들은 해우소 가기를 두려워하나 결국은 부모의 손에 끌려

가고 만다. 어른은 밖에서 망을 보고 아이는 찌푸린 채 밑구멍을 내려다보고 벌벌 떨면서 발을 디디는 것을 흔히 볼 수 있는 우스꽝스런 정경이다.

우리 남양주시에는 10여 개 전통사찰이 있으나 약간씩 변형된 세 곳의 해우소가 남아 있어 다행이다.

비교적 원형에 가까운 불암사佛岩寺와 흥국사興國寺가 있고 좀 변형된 내원암內院菴으로 단 세 곳만의 전통 해우소가 있다.

이 역시 앞으로 어떻게 전개될는지 예측하기 어려우나 해우소도 옛 선인들의 자취이며 하나의 문화인 것을 간과해서는 안 된다.

지금까지 우리는 사찰을 기록할 때 대웅전을 비롯한 요사寮舍만을 다루는 경향이 절대적으로서, 해우소는 관심 밖으로 생각하여 왔다.

여타 사찰 건물에 비해 다분히 다듬어져 있지 않아 오히려 친밀감을 준다.

수다스런 단청을 피하여 목리木理가 있는 그대로 잘 나타나 자연스럽고 편안하다.

해우소의 크기에 따라 사찰의 규모와 비례된다. 사세寺勢가 확장되어서 부득이 헐어버린다는 논리는 설득력이 부족하다.

사세가 비대해지고 퇴락한 해우소라면 먼저 수리하여 원형을 보존하고 다른 곳에 신축하여 사용하면 된다.

사찰은 사찰다워야 한다. 한식韓式과 양식洋式이 혼재한다면 이는 또한 전통사찰로 볼 수 없기 때문에 유의할 일이다.

지금의 화장실이 아주 편리하고 위생적이라 할 수 있으나 그만큼 영경靈境이 속화俗化한 것만은 사실이며 하나둘 손상되어 감은 반갑지만은 않을 일이다. 이 또한 전통적 사적史蹟이기 때문이다.

[http://남양주타임즈 2006.9.22]

# 남재南在

▲ 남재 묘역 ⓒ윤종일

　남재南在(1351~1419)는 조선의 개국공신으로 본관은 의령, 초명은 겸謙, 자는 경지敬之, 호는 구정龜亭. 검교시중 을번乙蕃의 아들이며, 남은南誾의 형으로 이색李穡의 문하에서 길재吉再, 정도전鄭道傳 등과 같이 수학하였다.

　1371년(공민왕 2) 진사시에 합격하였다. 아우 남은과 함께 이성계의 세력에 가담하여 고려 조정의 신진사류로서 구세력과 대립하였다. 1389년(공민왕 즉위년) 우사의右司儀가 되고, 1390년(공양왕 1) 판전교사시사 겸 집의가 되어 이성계가 위화도에서 회군하자 비록 행군에는 함께 참여하지는 않았으나, 시작의 대계를 의논하고 그 계책을 도왔다.

그 공으로 회군공신回軍功臣에 봉하여 지고, 곧 철원부사로 나갔다 염문계정사廉問計定使로서 양광도로 파견되어 민정을 살폈다. 조선이 개국되자 개국공신 1등에 녹훈 되었으나, 포상을 피하여 지방에 은거하였다.

그 후 태조가 그를 찾아내어 재在라는 이름을 하사하였다. 1393년(태조 2) 주문사奏聞使로 명나라에 가서 사이가 좋지 않던 조선과 명나라의 관계를 개선하여 명나라 태조로부터 3년에 한 차례 씩 조공할 것을 허락받았다.

그 공으로 판중추원사가 되고, 1394년(태조 3) 참찬문하부사參贊門下府使가 되었다. 1395년(태조 4) 아버지의 상을 당하여 은거하니, 동생 은과 함께 기복되어 삼사좌복야에 임용 되고, 노비변정도감의 판사를 맡았다. 1396년 예문관 춘추관태학사로서 도병마사가 되어 도통처치사 김사형을 따라서 이키도壹岐島·대마도를 정벌하였다. 1398년(태조 8) 정당문학이 되어 정안군이 왕위에 오르는데 큰 공을 세웠다. 태종이 즉위하다, 세자의 서연관에 빈객이 되었다. 1403년(태종 3) 경상도 도 관찰사가 되어 시무를 조정에 보고 하니 그대로 시행하였고, 1404년(태종 4) 대사헌이 되었다가, 1414년(태종 14) 우의정·의령부원군宜寧府院君에 오르고, 하륜河崙 등과 함께 『고려사』를 개수하였다. 그해에 좌의정으로 임명되었다가 1415년(태종 15) 좌의정에서 물러나 수문전

▲ 남재 묘비 ⓒ윤종일

대제학 겸 세자전이 되었다. 1416년(태종 16) 영의정에 임명되었다가 사면 된 지 3년 후 1419년(세종 1) 12월 14일에 죽었다. 시호는 충경忠景이며, 태조太祖의 묘정廟庭에 배향되었다. 경제에 밝고 문장에 뛰어났다. 산수算數에도 능하여 당시 사람들이 남산南算이라 불렀다. 저서에 『구정유고』가 있다.

남재는 이색의 고기반찬을 좋아하지 말라는 충고를 평생 간직하여 영의정에 되어서도 몸소 채소밭을 매면서 스스로 반찬거리를 농사지은 청백리였다.

묘역에는 봉분 앞에 묘비, 혼유석, 계체석, 상석, 향로석, 망주석, 장명등, 문인석이 있다. 신도비는 화강암으로 장

▲ 남재 신 도비각 ⓒ윤종일

방형 비좌와 팔작지붕의 옥개를 갖추고 있으며 1832년 건립되었다.
묘역은 현재 별내면 화접리 282-7번지에 위치해 있으며 문화재자
료 제114호이다.

[http://남양주타임즈 2006.9.29]

# 김홍복 소녀 제영지장비緹縈之葬碑

▲ 김홍복 소녀 제영지장비 ⓕ임병규

덕소德沼에서 월문리 길로 가다보면 왼쪽에 저수지가 있다.

이 저수지가 석실리石室里와 율석리栗石里의 입구이다.

저수지 끝자락 삼거리에서 왼쪽 길로 들어서면 오른쪽 야산에 숙신옹주淑愼翁主의 묘가 있으니 부마 김세민金世敏과의 합장묘다.

숙신옹주는 조선 2대 정종定宗 임금과 숙의 기씨淑儀奇氏 사이에서 태어나신 두 번째 따님이시다.

판돈녕判敦寧 김세민은 경주 김씨로서 병조판서를 지냈다. 석실마을 입구에 안동김씨분산安東金氏墳山비가 있으니 석실 선생石室先生으로 칭하는 청음淸陰 김상헌金尙憲과 그의 형 선원仙源 김상용金尙容의 유택이 있는 곳이다.

그 이후로도 누대가 세거하며 집성촌을 이루어 지금까지 이어지고 있다.

이곳에 여러 채의 사우祠宇가 있었으나 김상헌 별서別墅였던 송백당松柏堂과 김광찬金光燦의 향사享祀를 지내던 도산정사陶山精舍는 흔적없고 「송백당유허비」와 「도산정사기」가 음기陰記된 <취석醉石비>만 세워져 있다. '취석醉石' 두 자는 우암 송시열宋時烈의 글씨이다.

또한 도산석실陶山石室의 출입문인 입석立石이 문헌상 2기로 기록되어 있으나 사각 말뚝형인 <도산석실려陶山石室閭> 1기만 남아 있어 유감스러웠던 바 1988년 석실서원 지표조사팀인 윤종일尹鍾一, 김희찬金希燦 두 교수에 의하여 땅속에 묻혀 있던 <고송오류문孤松五柳門>이 햇빛을 보게 되었음은 지극히 다행스럽다.

석실리를 돌아 나와 율석리에 이르니 김상헌의 4촌 김상준金尙寯의 누대의 분산으로서 김삿갓[金笠]으로 통칭되는 란고蘭皐 김병연金炳淵의 생가生家로 추정되는 곳이다. 지난해 영월 김병연의 묘역을 취재한 원주 문화방송(MBC)에서 필자에게 두 차례 문의가 왔으나 기록의 미비로 확답치 못한 바 있어 미안한 마음이 든다.

율석리에 들어서니 율석천栗石川 오른쪽에 김홍복金洪福의 묘와 묘갈墓碣을 비롯한 석물들이 잘 정돈되어 있다.

김홍복(1649~1698)은 김해인金海人으로서 자는 자회子懷요, 호는 동원東園이니 여러 관직을 두루 거친 다음 정3품 대사간大司諫에 오른 효자로 널리 알려진 인물이다.

영의정인 최석정崔錫鼎이 글을 짓고 글씨를 쓰고 전篆까지 모두 한 김홍복의 묘갈명墓碣銘을 보면 10세에 부친을 여의고 모친의 병환 때에 단지斷指하여 효를 다한 사람이다.

부인은 고령 신씨申氏로서 4남 3녀를 얻었으나 아들 하나와 두 딸을 어려서 잃었다. 마을 뒷산에 김해 김씨金海金氏의 사우인 영모사永慕祠가 있고, 그 오른편 양지바른 곳에 「김홍복 소녀 제영지장」이란 친필의 비석이 슬프게 서 있다.

남양주 묘역을 20년 넘게 답사한 필자로서 제영비를 처음 접하였는바, 문헌 기록이 전무하니 다소 어긋나더라도 한마디 해볼까 한다.

이승 즉 살아있는 땅과 저승 즉 죽어있는 땅을 연결짓는 다리는 사랑인 바 사랑이야말로 유일한 인간의 의미인 것이다.

김홍복은 어린 딸의 죽음을 실감하지 않고 심장과 심장에서 끓는 피로 붉게 물들인 비단 끈으로 얽어매어 부녀의 정을 끊으려 하지 않았다.

정다운 벗과 헤어지면서도 우리는 속으로 뇌까린다.

"마음이 지척이면 천리 길도 지척이지."라고, 공간적인 거리를 정신적 관념으로 단축시키고 싶은 간절한 심정일 것이다.

아니 시간적 간격마저 두지 않고 우정이 이어지기를 간절히 소망한 말일진대 이승과 저승이 갈린 현실에서 김홍복의 애틋한 따님에 대한 사랑을 생각하니 가슴 저며옴을 느낀다.

열초 정약용의 <억여행憶汝行>이란 시를 보면 가무에 도취되어 세 살된 자식을 잃은 자책감에 읊은 내용으로 …

[http://남양주타임즈 2006.10.12]

# 열수洌水가 낳은 열초 정약용(1)

열초 정약용이 태어나고 또 생을 마감한 곳인 경기도 남양주시 조안면 능내리 마현 마을은 팔당댐 호수가에 자리 잡고 있다. 이곳은 북한강[汕水]과 남한강[濕水]이 합쳐지는 지점[洌水]으로 열초는 이 강변을 아껴 스스로를 열수洌水 또는 열상노인洌上老人으로 자호自號하였다. 여러 작은 지류가 모인 두 가닥의 큰 강줄기가 만나는 열상洌上의 의미는 어쩌면 열초의 사상적 성격과 깊은 연관성을 암시해주고 있다. 열초는 조선 후기 사회에서 유학의 도학적 전통 속에 자랐지만 양명학도 고증학도 서학西學도 받아들여 사상적으로 큰 강하江河를 이루었던 것이다.

▲ 다산 정약용 선생 동상 ⓒ김준호

마현 마을 산 위에 있는 '문도공 다산 정약용 숙부인 풍산 홍씨 지묘'의 묘비명에 "여기 우리나라 신문화 여명기에 눈부신 샛별 다산 정약용 선생이 누워 계시다. 선생은 당대 실학을 집대성하였을 뿐 아니라 … 선구자로서 겨레의 앞길에 횃불을 밝혀주었다 …. 평생 5백여 권의 저술을 총 정리한 여유당전서는 다산 실학의 거맥을 이룩하여 근세 개화의 열쇠가 되게 하니 우리 역사 있은 이래 선생만큼 찬영웅대한 문운을 개척한 이는 없다 이른다."라고 기록되어 있다.

　　열초 정약용의 일생은 대체로 4기로 나눌 수 있는데, 제1기는 성장 수학기, 제2기는 국왕 정조의 은우를 받으며 현실정치를 혁신해보려 꿈을 펼치던 관료시기요, 제3기는 신유사옥辛酉邪獄에 연루되어 강진에서 귀양살이를 하던 시기요, 제4기는 고향인 마현 마을로 돌아와 1836년 75세의 나이로 생을 마감 할 때까지 은거하던 시기이다.

　　그는 경기도 광주군 초부면 마현리(현 남양주시 조안면 능내리)에서 태어나 어려서는 주로 부친으로부터 경사經史와 시문詩文을 직접 배웠다. 본관은 압해押海이며 남인南人 가문으로 5대조 시윤時潤(1646~1713)이 갑술옥사甲戌獄事 때 물러난 후 마현 부락으로 옮겨 3대가 모두 포의布衣로 일생을 마쳤다. 부친 재원載遠 대에 비로소 출사하였으며 재원은 진주목사까지 지냈다. 열초는 16세 되던 해 호조좌랑인 부친을 따라 상경하여 성호 이익李瀷의 종손자로 그의 실학을 계승한 이가환李家煥과 자형인 이승훈李承薰의 직접적인 지도를 받으면서 이익의 실학實學을 접하였고 이때부터 경세학에 뜻을 두게 되었다.

　　이후 열초는 지방관을 역임한 부친을 따라 전국 각지를 옮겨 다녔다. 이 시기에 그는 당시 민생의 실태를 직접 보고 또 부친의 목민방법을 견학할 수 있었으며, 그 경험은 훗날 『목민심서』를 저술하는 데 기초적인 바탕이 되었다.

1783년(정조 7) 22세의 나이로 증광생원시增廣生員試에 입격하면서 열초의 제2기는 시작된다. 그는 이때부터 성균관에서 독서하며 여러 차례 반제에 뽑혀 정조의 총애를 받았다. 23세 때에는 마현과 두미협斗尾峽 뱃길에서 이벽李蘗을 통하여 서양서적을 얻어 읽기도 하였다. 이어서 1789년(정조 13)에는 문과에 급제하였으며 당시 좌의정인 이성원李性源의 추천으로 규장각 초계문신抄啓文臣으로 선발되었다. 이듬해에는 예문관 검열이 되었으며 사간원 정원, 사헌부 지평, 홍문관 수찬 등을 지냈고, 형조참의, 동부승지에 여러 차례 보임되었다. 또 규장각에서 일하면서 당시 과학기술의 개발을 강조하는 북학파 학자들과도 교유할 수 있었다. 여기서 얻은 과학기술에 대한 지식을 바탕으로 1792년(정조 16)에는 수원성 축성에서 성제城制와 축성기기에 대한 기술문제를 담당하여 성제에 관한 여러 가지 도설을 짓고 거중기擧重機, 평차平車 등을 이용하여 공사 기일을 단축하고 막대한 자금을 절약하였다. 이외에 금정찰방金井察訪, 곡산군도호부사谷山郡都護府使, 경기암행어사 등 외직에 여러 차례 보임되어 지방행정의 실제 경험을 쌓기도 하였다. 특히 그가 당시 질곡에 가득 찬 사회 현실에 눈을 뜨게 된 것은 33세 경기 암행어사 시절이었다.

열초의 제2기는 정조가 탕평책蕩平策을 표방하고 정국을 이끌어가던 시기였다. 정조는 영조대英祖代에 정국을 주도하던 탕평당蕩平黨이 새로운 교목세가喬木世家로서 환척宦戚과 연결되면서 권력을 집중시켜 탕평의 의미가 없게 되었음을 반성하고, 자기의 왕권강화에 크게 기여한 홍국영洪國榮이 누이 홍빈洪嬪을 이용하여 환척정치를 시도하자 그마저도 제거하였다. 그 대신 정조는 청의淸議를 주장하는 노론老論 청류淸流를 자신의 정권의 중심으로 삼아 정국을 운영하려 하였으며 권귀와 환척의 배제를 주장하는 남인청류南人淸流를 흡수하여 탕평정 치를 실시하였다.

청의를 중시하는 세력을 중심으로 탕평정국을 운영하면서 정조는 이들의 지지를 확보하기 위하여 영조 대의 청요직 혁파정책을 파기하 고 우문정치右文政治를 표방하면서 청요직을 재건하였다. 정조대 우문 정치를 대표하는 규장각奎章閣의 운영과 초계문신제抄啓文臣制의 실시 는 정조의 정책을 뒷받침하는 친위적 학자군을 양성하여 국왕이 사상 계까지 장악하고 국왕 중심으로 정국을 운영하려는 시도였다고 이해 된다.

또 정조는 장용영壯勇營 등 친위 군영을 설치하여 왕권의 군사적, 경제적 기반을 더욱 확고히 하려 하였다.

이러한 정조대 탕평정국은 노론 청류세력이 중심을 이루고 있었지 만 이들 못지않게 남인의 진출도 활발하였다. 남인의 대표적인 인물 로 채제공을 들 수 있다. 그는 영조 대에는 세손世孫(정조)의 보호에 진 력하였고 정조 즉위 후에는 약간의 부침을 겪었으나 1788년(정조 12) 우의정에 임명되었다. 이어서 좌의정, 영의정을 거치면서 장용영 제도 정비, 수원성 축성, 규장각 운영의 정상화 등에 힘써 정조의 탕평정책 과 왕권강화책을 크게 뒷받침하였다.

채제공의 이 같은 활동은 남인들의 정치적 지위를 격상시키는 데 크게 기여하였고 많은 남인들이 태평정국에 참여할 수 있게 되었다.

그 가운데 이가환李家煥이 채제공의 후계자로 지목되고 있었고 정약용은 그 뒤를 이을 신진사류로 성장하고 있었다.

이러한 분위기 속에서 열초는 서학교도西學教徒라는 비방과 남인 세력의 득세를 꺼리는 노론의 방해 등으로 여러 차례 유배되고 지방관으로 좌천되는 등 어려움도 있었으나 문장이 뛰어나고 행정실무 및 과학기술 분야에 재능을 보여 정조의 보살핌을 받으면서 남인의 다음 단계의 중심인물로 인정되고 있었다.

▲ 열초 정약용 생가 여유당 ⓒ김준호

그러나 1800년 열초가 39세 되던 해 일어난 정조의 승하와 순조의 즉위, 1801년 일어난 신유사옥은 그의 일생에 큰 획을 긋게 되었다.

순조대의 정국은 즉위 직후에는 노론 벽파의 척족정치가 성립되었다가 시파계인 안동 김씨 김조순 등의 척족정치로 변화하였고 그 후의 정치행태는 이른바 세도정치勢道政治라 지칭한다. 순조가 어리다는 이유로 영조의 계비 김씨(정순왕후)가 수렴청정을 하게 되자. 권력을 장악한 노론벽파세력은 정조 때 득세하던 시파세력과 남인들을 제거하기 위하여 신유사옥을 일으켰다. 정조 재임시에 목소리가 높아진 진보세력과 유교의 윤리를 위협하고 들어오는 천주교, 크고 작은 농민반란으로 위기의식을 느낀 안동 김씨의 집권세력이 천주교를 빙자하여 피비린내 나는 숙청을 감행한 것이다.

신유사옥으로 시파인 홍락임(정조의 외척)을 비롯하여 남인인 이가환, 다산의 형 정약종, 권철신, 이벽 등이 처단되고 그 외에 남인과 시파계 인사들이 처형 또는 정배되었다. 이어 정조대 남인의 영수였던 채제공도 사학에서 축출되었다. 열초도 이때 경상도 포항 장기에 유배되었다가 다시 전라도 강진으로 이배되었다. 당시 열초의 나이 40세였다. 태백산맥에서 남서쪽으로 내리달린 소백산맥줄기가 바다에 잠겨드는 곳인 강진의 만덕산과 귤동마을 부근에는 지금도 열초의 흔적들이 흩어져 있다. 강진만을 내려다보는 만덕산 아래 10여 채가 옹기종기 오여 있는 귤동에는 열초의 유배시절 제자들의 후손이 아직 살고 있다고 한다. 열초는 한반도의 남쪽 끄트머리 궁벽한 해안 농촌마을에서 18년의 풍상을 겪으면서, 자신의 관료생활의 경험 및 유배지에서의 농촌생활의 체험을 토대로, 당시 사회의 현실을 비판하고 전

국가사회 체제의 개혁을 주장하는 5백 권이 넘는 대저작을 남겼다. 유형기간은 실로 그를 실학의 대성자로 우뚝 서게 한 연찬의 시기였던 것이다.

<'열수가 낳은 열초 정약용'은 다음 주에 계속 이어집니다.>

[http://남양주타임즈 2006.10.19]

# 열수洌水가 낳은 열초 정약용 (2)

▲ 다산 거리 ⓒ김준호

　그는 조선 후기 "터럭 한끝에 이르기까지 병들지 아니한 것이 없는" 현실을 "지금에 와서 고치지 않으면 곧 나라가 망하고 말 것"이라는 신념하에서, 방대한 현실개혁론을 제시하기에 이른다. 그리고 그는 "개혁을 가로막는 자가 문득 말하기를, 조종의 법이니 고칠 수 없다고 하지만, 그러나 조종의 법이란 것도 많이는 개국 초기에 만든 것인데 … 개국 초기에는 법을 고치는 것이 아니라 잘못된 폐속을 그대로 좇아 떳떳한 법으로 삼는 것이 고금의 한결같은 병통"이라고 인식하고 있었다. 여기 열초의 눈에는 현실이 결코 주자학적 조화와 통일의 사회론으로서는 해결할 수 없는 모순, 갈등의 병폐로 가득 차 있으며, 그것을 구제하는 방법은 국초 이래 잘못되어온 악법을 고쳐 현실을 개혁하는 길뿐이라고 인식하고 있었음을 알 수 있다. 즉 그는 기득의 특권을 향유해가는 집권층, 벌열층의 입장에서 현실을 대한 것이 아니라, 그 통치의 질곡 하에서 병들어 가는 농공상인과 같은 피지배층의 입장에서 현실을 직시하고 있었으니, 이 현실을 인식하는 입장의 전환이 곧 그의 인식체계의 전환을 가져오게 한 가장 기본적인 것이었다.

그래서 그는 우선 나라가 다 망하지 않도록 보존해 가는 방안으로 지방행정 개혁책을 『목민심서牧民心書』에서 강구하는 한편, 모순에 찬 현실 국가 지배체제를 전면적으로 개혁하여 이상적인 왕정을 실현하려는 원대한 구상아래 『경세유표經世遺表』를 저술하였다. 실로 『경세유표』는 "나라를 경영하는 제도에 대해서 현재의 운용에 구애받음이 없이 기본을 세우고 요목을 베풀어 그것으로써 우리 구방을 새롭게 하자는 생각에서" 저술한 것이었다. 그리고 『흠흠신서欽欽新書』에서는 형정刑政의 쇄신을 피력하고 있다. 이같은 자신의 사회개력론의 핵심을 담고 있는 "1표 2서는 이로써 천하 국가를 다스리고자 하는 것"이라고 하였다. 특히 그가 유배에서 해제되기 바로 전해인 57세 때 1년만에 완성한 『목민심서』 48권은 지방관리가 취임부터 해임까지 지켜야 할 각종 행정업무에 대한 지침을 자세하게 적고 있다. 그는 『목민심서』에서 "백성은 흙으로 밭을 삼는데 이서吏胥는 백성으로 밭을 삼아서 살을 긁어내는 것으로 농사를 삼고 백성의 재물을 가렴주구하는 것으로 추수를 삼는다."고 하는 등 지방관의 탐학과 사회경제구조에 대한 맹렬한 비판을 가하고 있다. 그래서 이 책들은 당시에는 금서였고 필사본들이 나돌며 읽혔다고 한다.

열초가 유배지에서 쓴 책들은 의학·역학·물리·기계·대수·천문·지리·역사·법률·정치·경제·군사·언어·문학 등을 망라하고 있다. 그는 그중에서도 농업을 중시하여 환곡제 철폐, 군포법 철폐, 사유토지의 공유화 등 농정개혁안을 제시하였다. 열초의 농업개혁론은 농법의 개선과 집약적 소농농업의 정착을 통하여 농업생산력을 늘리고 소농민층을 안정시키고자 하는 데에 그 역점을 두고 있었다. 여기서 기본적으로 전제가 되는 것이 당시 생산수단의 가장 보편적 원천을 이루고 있던 토지문제였으니 그의 관심은 토지개혁론으로 집중되어 있다. 열초의 토지개혁론은 균전론의 일종인 여전론閭田論으로 먼저 제시되었다. 여전론은 그가 38세로서 아직도 정조의 지우를 받으며 관직을 살고 있을 때의 저술이었다. 여전론의 핵심은 모든 토지를 국유로 하되 이를 자연적인 지형에 따라 취거하고 있는 마을 즉 여閭를 단위로 하여 그 속의 모든 농민들이 공동으로 경작하고 공동 수확하며 공동 분배한다는 내용이었다. 여전론은 가장 철저한 토지개혁론이라 할 수 있으니, 토지 국유의 원칙은 곧 철저한 농민의 공동소유를 그 내용으로 한 것이었다. 이것은 당시로서는 실현가능성이 매우 희박한 이상주의적인 개혁론이었다고 할 수 있다. 열초는 그 후 유배생활에서 저술한 『경세유표』 속에서 다른 하나의 토지개혁론인 정전제丁田制를 피력하였다. 정전제의 핵심은 현실의 지주제를 감안하여, 국가가 지주제를 갑자기 타파할 것이 아니라 수십 년 수백 년을 두고 지주로부터의 매입 또는 기증을 통하여, 그리고 우선은 지주로부터의 차지를 통하여 토지의 국가적인 관리를 성취하되, 곡물 과수 목축 등 농업을 분야별로 전업화하고 개별 농민들에게는 전문적 지식이나 능력에 따라 토지를 급여한다는 내용이었다. 그래서 개별농민이 지급받은 토지에 대해서는 사적 점유가 인정되며 또한 거기에서의 사적 생산 활동과 사적 경영이 허용된다는 것이었다. 열초는 이 같은 토지 개혁론을 통해 궁극적으로는 자립적인 자영농을 육성하여 국가와 농민을 모두 부유하게 만들자는 것이었다.

이상에서 살펴보았듯이 열초는 귀양살이를 귀양살이로 생각하지 않고, 도리어 이를 학문적 자기완성의 기회로 삼았을 뿐만 아니라 그의 학문세계의 폭을 더욱 넓혀 갔던 것이다. 그의 제3기인 유배시절은 그의 인생에서 가장 값진 시절이었다고 할 수 있다.

그 후 일단 정권을 안정시킨 시파계 안동 김씨 세력은 신유사옥 등으로 순조 초년에 정배되었던 죄인들을 대부분 석방하는 조치를 취하였다. 이러한 분위기 속에서 1810년(순조 10) 열초의 맏아들 후상厚祥(學淵)이 순조의 능행길에 열초의 석방을 요청하여 향리방축鄕里放逐이 결정되었다. 또 1814년(순조 14)에는 열초의 죄명에 대한 정계停啓가 이루어졌다.

그러나 당시에는 반대파 인물들이었던 이기경, 홍명주, 강준흠 등의 반대로 석방은 이루어지지 않았고 열초는 1818년(순조 18)에야 비로소 향리에 돌아올 수 있었다. 향리로 돌아온 열초는 한두 차례 입사의 기회가 있었으나 여의치 못하였고 여러 학자들과 교류하면서 자신의 저작들을 『여유당전서』로 정리하는 한편, 경학 연구에 전념하면서 1836년 75세 나이로 생을 마쳤다. 그가 환갑을 맞아 스스로 지은 묘지명에 "알아주는 자 적고 비방하려는 자 많으니 만약 천명이 이를 받아들이지 않는다면 한 줌의 불쏘시개로 불태워버려도 좋다."고 하였듯이 선각자다운 그의 고민을 살필 수 있다.

실학의 집대성자로 일컬어지는 열초 정약용이 활동한 시기는 18세기 후반에서 19세기 초반에 이르는 시기로 정치·경제·사회 전반에 걸쳐 중세적인 지배질서가 해체되어 가고 있던 시기였다. 그 같은 변천을 야기시킨 동인으로는 조선 후기 농업생산력의 발전, 토지 소유 관계의 변천, 상품화폐 경제의 진전, 사회신분제의 동요 및 지배층의 분화 분열현상을 들 수 있다. 이같은 역사적 현실의 변천자체와 여기에서 비롯되는 사회 구조적 제모순을 가장 첨예하게 인식하였던 열초는 정치·경제·사회 전반에 걸친 현실개혁론을 제시하였던 것이다. 그러나 열초의 현실개혁론은 그 후 우리역사의 전개과정에서 반영되거나 실현된 적이 없었다. 열초는 자시의 개혁론을 가리켜 "성인聖人의 경전에 근본을 두고 시의時宜에 맞도록 힘썼으나, 없어져 버리지 않는다면 혹 취해서 쓸 사람이 있을 것"이라고 은근히 기대해 보았으나 그것을 취해서 국정에 써본 자는 아무도 없었다. 열초가 통렬하게 분석해낸 당시 국가 사회체제의 여러 모순상은 극복되거나 지양되지 못한 채 전개되기에 이르렀고, 그는 현실개혁론은 이제 빛바랜 과거의 문자로나 남아 있을 뿐이다.

끝으로 열초 자신의 자찬묘지명의 마지막에서 써놓은 자신의 생애에 대한 소회를 음미해보며 그의 삶과 긍지를 되새겨보고자 한다.

왕의 총애를 한몸에 안고서는
궁궐의 가장 은밀한 곳에서까지 모셨으니
정말로 임금의 심복이 되어
아침저녁으로 참으로 가까이 가 섬겼도다.

하늘의 총애로 타고난 바탕은
못난 충심을 갖게 해주셨기에
정밀하게 육경을 연구해내서
미묘한 이치로 해석해 놓았노라.

간사하고 아첨하는 무리들이 세력을 잡았지만
하늘은 버리지 않고 옥과 같이 곱게 성장시키려 하였으니
시체를 잘 거두어 꼭꼭 매장해 둔다면
앞으로 높이 높이 멀리까지 들추리라.

▲ 다산 정약용 묘 ⓒ김준호

# -열초 정약용 약력-

※ 나주 정씨 가문으로 아명은 귀농歸農, 관명은 약용若鏞, 자는 미용
美庸·송보頌甫, 호는 삼미자三眉子·철마산초鐵馬山樵·다산茶山·
사암俟菴·열초洌樵·열수洌水·열상노인洌上老人·자하도인紫霞道
人·문암일인門巖逸人·탁옹籜翁·태수苔叟, 당호는 여유당與猶堂,
카톨릭 세례명은 요한, 시호는 문도文度

- 1762년(영조 38), 1세
  - 6월 16일 오전 10시[巳時] 경기도 광주군 초부면 마현, 현 남양주
    시 조안면 능내리에서 부친 정재원丁載遠, 모친 해남 윤씨海南尹氏
    부인 사이에서 넷째 아들로 태어남.

- 1765년(영조 41), 4세
  - 천자문千字文을 배우기 시작.

- 1770년(영조 46), 9세
  - 어머니 사별.

- 1776년(영조 52), 15세
  - 홍화보洪和輔의 딸 풍산 홍씨豊山洪氏와 결혼.

- 1777년(정조 1), 16세
  - 성호 이익의 유고를 처음으로 봄.

- 1783년(정조 7), 22세
  - 세자 책봉 경축, 증광감시 생원시에 합격.
  - 9월 큰아들 학연學淵 태어남.

- 1786년(정조 10), 25세
  - 2월 별시別試 초시 합격.
  - 7월 둘째 아들 학유學游 태어남.

- 1789년(정조 13), 28세
  - 대과大科 급제.

- 1792년(정조 16), 31세
  - 홍문록에 오르고 이어서 수찬이 됨.

- 1794년(정조 18), 33세
  - 성균관 직강, 홍문관 수찬, 경기도 암행어사 명을 받들고, 이어서 홍문관 부교리에 임명됨.

- 1795년(정조 19), 34세
  - 주문모 사건에 둘째형 약전若銓의 연좌로 충청도 금정찰방으로 좌천.

- 1801년(순조 1), 40세
  - 2월 9일 셋째형 약종若鍾 사형, 둘째 형 약전은 신지도로 유배, 약용은 경상도 장기현으로 유배.
  - 10월 황사영백서사건으로 조사받고 둘째 형 약전은 흑산도로 이배, 약용은 전라도 강진으로 이배.

- 1802년(순조 2), 41세
  - 유배 초기부터 8년간 떡장수 노파가 제공하는 비좁은 뒷방을 얻어 생활.

- 1803년(순조 3), 42세
  - 김대비의 해배명령이 있었으나 서용보의 반대로 풀려나지 못함.

- 1808년(순조 8), 47세

－마을 뒷산의 밑에 있는 윤단尹慱의 산정인 다산초당茶山草堂으로
  옮겨 저술을 시작.
- 1809년(순조 9), 48세
  －『아방강역고』 저술.
- 1810년(순조 10), 49세
  －큰아들 학연의 상소로 해배명령이 내렸으나 이기경·홍명주의
    방해로 인해 풀려나지 못함.
- 1814년(순조 14), 53세
  －의금부에서 해배시키려 했으나 강준흠의 상소로 저지됨.
- 1816년(순조 16), 55세
  －6월 형 약전若銓 유배지 흑산도에서 사망.
- 1818년(순조 18), 57세
  －봄에 『목민심서牧民心書』 완성.
  －8월 이태순의 상소로 18년 만에 유배에서 풀려남.
  －9월 강진을 떠나 9월 14일 고향 마현으로 돌아옴.
- 1819년(순조 19), 58세
  －봄에 『흠흠신서欽欽新書』 완성.
- 1821년(순조 21), 60세
  －9월 맏형 약현若鉉 사망.
- 1822년(순조 22), 61세
  －회갑을 맞아 '자찬묘지명'을 짓다.
- 1836년(헌종 2), 75세
  －2월 22일 마재에서 조용히 세상을 떠남, 이날은 풍산 홍씨와 결

혼한 지 60주년이 되는 회혼일이다.

－4월 1일 여유당 뒷동산, 현재 남양주시 조안면 능내리에 안장됨.

• 1882년(고종 19)

－『여유당전서與猶堂全書』가 전부 필사되어 내각에 수장.

• 1910년(순종 4) 7월 18일 정이품正二品 정헌대부正憲大夫 규장각奎章閣 제학提學을 증직하고 시호를 '문도文度'라 함.

[http://남양주타임즈 2006.10.26]

# 미호팔경 渼湖八景

▲ 〈삼주삼산각〉모사도 ⓟ강성남

금강산에서 발원하여 북한강 즉 용진강龍津江이 되고 오대산에서 시작하여 남한강 즉 월계강月溪江이 되어 두미강斗迷江에 합류하니 한강의 시작이라. 마현마을을 시작으로 봉안마을, 덕소, 평구平丘마을에 이르니 여기서부터 미호渼湖의 시작이 된다. 평구는 본래 평구역平丘驛 자리인데 지금에 와서 또 다시 전철역이 들어선다니 예사롭지 않다.

이는 결코 우연으로만 보지 말고 역명驛名을 만들 때 신중하여야 할 것이다. 왜냐하면 우리 시의 시명市名은 풍양시豊壤市로 했어야 했는데 남양주시로 정한 우愚의 재발을 막기 위함이라.

동대구, 동수원 등과 같이 동대구는 대구시요, 동수원도 수원시인데 남양주시는 양주군의 속시屬市가 아니기 때문이다.

이 문제는 다음에 다루어 보기로 하고 새로 짓는 역의 이름은 평구역으로 하는 것이 적칭適稱으로 사료된다.

평구마을 앞강에 이르니 강폭이 넓어지고 물살이 완만해지더니 수석리水石里에 이르러 봉바위에 부딪치며 만灣이 되어 거대한 호수가 펼쳐진다.

흐르는 물을 호수로 본 것은 의아스러우나 갇힌 물로 보고 미호渼湖라 이름하였으니 그 이름부터가 시취詩趣요 아울러 화의畵意 그대로이다. 여기서 간과看過할 수 없음은 우리나라 진경문화眞景文化의 산실이요, 꽃피운 유서 깊은 곳이라는 것이다. 진경이라 함은 실제 있는 경치를 있는 그대로 그림을 그리기도 하고 시로 표현하는 것을 말하는데 이는 작가의 혼이 들어있어 국토애國土愛를 묘사해 내는 시화詩畵의 사생 작업이다. 석실서원石室書院은 모든 사람이 알고 있겠거니와 김상용金尙容, 김상헌金尙憲 형제분을 주향主享으로 하였으나, 추향追享을 거듭하여 모두 11명을 배향하던 향사享祠였다. 지금은 여기저기 흩어진 주춧돌과 와편만이 있어 서원지書院址로서 가늠이 가능할 뿐이다.

완벽하게 남아 있던 묘정비廟庭碑는 도산석실陶山石室로 옮겨 세워졌고 원형이 훼손된 우물 두 곳이 있을 뿐이다.

그러나 분명한 것은 석실서원은 진경시대를 연 유서 깊은 곳이니 삼연三淵 김창흡金昌翕이 있어 아름다운 우리 땅을 소재로 한 진경시문眞景詩文이 쏟아져 나왔고 그의 문하이며 진경시의 대가 사천 이병연李秉淵(1671~1751)과 진경산수화의 대가 겸재謙齋 정선鄭敾(1676~1759)이 배출된 곳이기도 하다.

삼연 김창흡은 산수의 명향名鄕으로 치는 곳만 골라 살았으니 수석동水石洞 역시 매우 아름다운 곳인데 오늘에 이르도록 오히려 이 절승絶勝을 묻어두었다는 것이 일종의 수치임을 알게 되었다.

조선 개국공신 조말생趙末生과 그의 후손들의 묘역도 함께 있는 바 본래 홍유릉洪裕陵 자리가 유택이었으나 능침으로 정해지면서 이곳으로 천장되니 무려 22기의 묘군墓群을 이루고 있다.

그 맞은편에는 숙혜옹주淑惠翁主의 묘소가 위치하니 성종임금과 숙용 심씨沈氏 사이에서 낳으신 분이며 한천위漢川尉 조무강趙無彊과 합장묘이다.

이영보李英輔의 동계유고東溪遺槁를 보면 미호팔경渼湖八景이 있으니 아래와 같다.

제1경 석실조욱石室朝旭 : 석실의 아침 햇살
제2경 광진석조廣津夕照 : 광나루 저녁 노을
제3경 남한청람南漢晴嵐 : 남한강 아지랑이
제4경 왕탄야어王灘夜漁 : 왕숙천 밤 그물질
제5경 검단모우黔丹暮雨 : 검단산 저녁 비
제6경 두미제월斗尾霽月 : 두미강 비친 달빛
제7경 대강풍범大江風帆 : 미호강 돛단배
제8경 원교평무遠郊平蕪 : 먼 들녘 밭갈이

이상에서 보는 바와 같이 우리 남양주시에서 8경八景을 고른다면 단연 제1경으로 꼽을 만하다. 한강을 그 품에 안고 계곡에서 흘러내리는 맑은 물을 마시며 살다가 또 거기서 사라지게 된 오랜 동안 그 많은 옛 자취는 거의 대부분이 이미 없어지고 말았건만 그래도 1경으로 손색이 없는 바 석실서원의 복원이 우선이어야 한다(1999.4.13).

[http://남양주타임즈 2006.11.1]

# 석실서원石室書院

▲ 〈석실서원〉 모사도 ⓟ강성남

  석실서원은 청음淸陰 김상헌金尙憲의 도덕과 충절을 기리기 위해 세워진 서원으로, 이후 김상용金尙容, 김수항金壽恒, 민정중閔鼎重, 이단상李端相, 김창집金昌集, 김창협金昌協, 김창흡金昌翕, 김원행金元行, 김이안金履安, 김조순金祖淳이 배향되었다.

  이경석李景奭을 위시한 당대 조정의 명사들과 사림士林의 발의로 1656년(효종 7) 창건된 석실서원은 사림의 강학講學과 장수藏修라는 서원 본래의 기능만이 아니라 사림정치 이래 붕당정국이 변전하는 속에서 정치적·사회적으로 중요한 역할을 담당하는 서원으로 발전하였다. 처음에는 서인계 서원으로, 이어 노·소론 분당 후에는 노론계, 그리고 노론 내에서 인물성人物性 논쟁으로 호론湖論·낙론洛論이 갈릴 때는 낙론의 진원지였으며 다른 한편으로는 조선 후기 사대부문화의 큰 특색인 진경문화眞景文化의 산실로서 그 역할을 수행하였다.

또한 영·정조 연간의 탕평정국에서는 한때 조제調劑 탕평에 반대하는 의리론義理論의 본거지였으며, 국구國舅 김한구金漢耉와 결탁한 호론계의 정치세력에 대항하는 척신 홍봉한의 정치적 지지세력이 되기도 하였다. 그리고 김상헌의 직계 후손이 주축이 된 안동김씨 세도정권하에서는 집권명분을 정당화하는 정치도구가 되기도 하였다. 즉, 석실서원은 조선 후기 많은 서원 가운데서도 정치적·사상적·학문적으로 중요한 역할을 수행하던 서원 중 하나였다. 그럼에도 불구하고 석실서원은 1868년 흥선대원군의 서원철폐령에 의해 철폐된 후 유적·유물이 흔적도 없이 사라지고, 그 정확한 위치나 건물규모 및 배치 등에 관한 기본적인 것마저 없어지고 세인의 관심에서 멀어진 상태로 방치되고 있다.

이 방치된 석실서원을 고증하는 데 있어 가장 중요한 자료 중의 하나가 겸재 정선鄭敾(1676~1759)의 『경교명승첩京郊名勝帖』 중의 <석실서원도>이다. <석실서원도>는 강 위에서 바라본 경치를 부감법俯瞰法으로 그린 것으로 석실서원 주변의 풍광이 묘사되어 있다. 겸재는 진경산수眞景山水의 대가로 사실적 기법을 사용하였으므로 이 그림을 정확히 분석하면 석실서원의 위치, 건물양식, 규모를 밝히는 데 크게 참고가 될 것으로 생각된다.『경교명승첩』은 정선이 64세 때인 1740년 겨울부터 1741년 초여름까지 그린 그림들을 하나의 화첩에 묶은 것이다. 상하 두 책으로 전해왔으며 현재 간송미술관에 보관되어 있다.

정선이 한강을 따라 그 주변의 풍경을 그린 것으로 경기 지역을 대상으로 그린 것은 <녹운탄綠雲灘>, <독백탄獨栢灘>, <우천牛川>, <석실서원石室書院>, <삼주삼산각三洲三山閣>이 있다.

정선이 석실서원과 삼주삼산각을 그리게 된 것은 안동 김씨 일문과의 깊은 교분에서 연유한다. 그는 김창집의 도움으로 관로官路에 진출하였으며, 김수항의 여섯 아들인 '육창六昌' 그 중에서도 특히 김창흡의 영향을 많이 받았던 것으로 알려져 있다. 김창흡은 그 형인 김창협과 함께 진경문화의 배양에 크게 기여한 인물이다. 진경시문학의 이병연李秉淵, 진경산수화의 정선鄭敾, 인물풍속화의 조영석趙榮祏 같은 대가들이 모두 김창흡 형제들에게서 직·간접적인 영향을 받으면서 자신들의 기예技藝를 성숙시켜 나갔던 것이다. 석실서원은 이들의 근거지의 하나이자 진경문화의 산실이었던 셈이다.

<석실서원도>는 석실서원을 추정 복원할 경우 가장 구체적인 자료가 될 것으로 평가된다. 그림 왼쪽의 미호渼湖는 화제이다. 미호는 석실서원 및 삼주삼산각과 미사리 사이의 호수처럼 보이는 한강을 지칭하는 것으로 동호東湖와 서호西湖와 함께 도성 부근의 경승으로 유명하다.

석실서원에 추배된 김원행의 아호인 '미호'도 추측컨대 여기에서 따온 것이 아닌가 한다. <석실서원도>에 나타난 좌측의 건물들이 석실서원이다. 이를 분석해 볼 때 석실서원은 전형적인 서원 형식을 갖추고 있었던 것으로 추정된다. 안쪽에는 사우祠宇가 보이고 서재西齋 건물과 누정樓亭의 모습이 확연하다.

<석실서원도>를 구체적으로 분석해 보면 다음과 같다. 중앙의 동산은 모장끝산으로 생각되며, 우측면에는 북두천이 흐르고 있다. 이 북두천은 원래 바위가 7개가 있어 칠성바위라고 호칭된 데서 붙여진 이름인데 현재는 홍유천이라고 불린다.

　　모장끝산의 능선 상단에 누정이 자리잡고 있다. 건물 주변은 숲으로 둘러싸여 있고 한강을 주망하기 좋은 장소이다. 전망이 대단히 아름다웠을 것으로 짐작된다.

▲ 석실서원지 표석 ⓒ김준호

건물 규모는 정면이 2칸이고 측면은 불확실하지만 1칸 또는 1칸 반으로 추정된다. 건물 형태는 팔작지붕에 방 1칸과 누마루가 달린 복합누정이다. 서원의 별채로서 휴식공간으로 활용되었을 것으로 추정된다. 서원의 중심건물들은 좌측면 토미재 산기슭에 위치하고 있으며 3채의 건물이 보이는데 숲으로 가려져서 정확한 건물 수는 알 수 없다. 가장 위쪽의 건물은 사우祠宇이다. 규모는 짐작하기 어려우나 지붕의 형태는 맞배양식을 취하였음이 확인된다. 이 건물의 장축은 동서선상으로 되어 있다. 사우로 추정되는 건물과 직각에 놓여 있는 건물은 장축이 남북선상으로 되어 있으며 재실로 생각된다. 그림상으로는 서재西齋만이 확인 가능하나 숲에 가려진 부분에 동재東齋가 있었을 것으로 추정된다. 재실은 팔작지붕 양식을 취하고 있다. 맨 아래 선물은 3칸으로 되어 있으며 벽이 없는 것으로 묘사되어 있어 누정으로 추측된다. 누정은 출입처로 사용되기도 하고 강당으로도 활용되나 이 경우 성격을 명확하게 규정할 수는 없다. 서원의 아래로는 10여 호의 초가들이 그려져 있다. 이 건물들은 독립된 가호家戶라기보다는 서원에 부속된 민가民家로 파악된다. 그것은 모든 가옥이 서원을 중심으로 설치된 장리長籬 속에 위치하고 있는 것에서도 추정이 가능하다. 서원 소속의 노비 또는 전호들의 거주지일 가능성을 상정해 볼 수 있다.

<석실서원도>와 함께 서원의 규모를 추정할 수 있는 근거는 김원행의 문인 황윤석黃胤錫이 남긴 일기『이재난고頤齋亂藁』와 주민의 증언이다. 각종의 문헌 사료에서 사우祠宇, 재실齋室, 강당講堂, 누정樓亭 건물과 연못, 영당影堂이 확인된다.

위 자료 및 주민 제보와 석실서원도의 분석을 종합하여 보면 석실

서원 경내와 주변에는 다수의 건물과 시설이 영조되어 있었음을 알 수 있다. 서원은 사우祠宇와 재실齋室, 강당講堂, 누정樓亭, 고직사庫直舍를 온전히 갖춘 전형적인 구조를 갖추고 있었으며, 전정前庭에는 연당淵塘이 배치되고 있다. 서원 부근에는 영당이 있어 문충공文忠公 김상용金尙容·문충공文忠公 김수항金壽恒·문강공文康公 김창흡金昌翕의 영정影幀을 모셨으며, 모장끝산에는 별도의 누정이 있어 별채 기능을 하였던 것으로 추정된다.

▲ 석실서원묘정비 ⓒ김준호

이 밖에『양주읍지』석실서원조의 기가를 보면 서원 소속의 원생院生이 20인이고 재직齋直 10인, 모군募軍 40인으로 나타나고 있다. 서원의 규모를 짐작하게 해주는 사료로 평가된다.『양주읍지』의 간행시기가 흥선대원군의 서원철폐령이 내린 1868년(고종 5) 이후인 1871년 이어서 현실을 정확히 반영하였는지 의문이 있지만 인원에 비례하여 다수의 건물군이 존재하였을 것으로 상정해 볼 수 있다.

이와 같이 자료분석에 의거한 석실서원의 배치구조, 건물양식, 건물구조의 추정에는 일정한 한계가 있을 수밖에 없다. 그러나 서원유지가 완전히 교란된 현 상황에서는 간접적인 자료들이 서원의 형태와 규모를 근사하게나마 추정할 수 있는 유력한 근거가 된다는 점에서 새롭게 평가되어야 한다고 사료된다.

석실서원은 현재 터만 남아 방치된 상태이다. 당시 사용되었던 주춧돌은 사방에 흩어져 있거나 정원석으로 사용되고 있다. 특히 이 지역은 경관이 좋아 카페가 들어서는 등 석실서원의 원형을 찾을 수 없어 아쉬움이 있다. 빠른 시일 내에 석실서원을 복원하여 지역의 교육의 장으로 활용하면 하는 바람이다.

[http://남양주타임즈 2006.12.1]

# 동강東岡의 유택幽宅

천마산天摩山은 남양주시의 진산鎭山인 바 이 산을 말할 때 고려高麗 태조太祖 임금께서 임어臨御하신 바 있는 견성암見聖庵을 빼놓을 수 없고 조선朝鮮 태조太祖 임금께서도 강무차講武次 이 산을 다녀가셨다는 전설도 유명하다.

천마산 서록西麓에 위치한 윗독정리[上獨井里]에서 오른편 개울을 따라 가다보면 산 입구에 이르니 두 계곡이 있고 견성암 안내 표지판 쪽 계곡 물이 유난히 맑아 보이는 바 견성암자의 독정獨井에서 흐르는 물임을 짐작하게 한다.

동강東岡의 유택幽宅은 견성암에 오르다가 오른쪽에 위치하니 조상우趙相愚의 묘墓이다

동강은 그의 호이며 풍양인豊壤人으로 1711년(숙종 37) 우의정右議政에 이른 정치가인 동시에 당대 최고의 서화가書畵家로 해동호보海東號譜는 기록하고 있으

▲ 조상우 신도비 ⓒ임병규

나 그림에 관하여는 자료가 없어 알 수가 없으니 아쉬울 뿐이다. "우리 가문의 글씨를 배우려는 사람은 반드시 재주가 좋고 기운이 완전하고 마음이 바른 연후에야 배울 수가 있다. 재주가 없으면 고루하게 흐르고 기운이 완전치 못하면 힘이 없고 마음이 바르지 못하면 비뚤어진다."라고 그의 손자 조귀명趙龜命이 말한 것을 보더라도 동강의 서도書道는 엄격했음을 알 수 있다.

동강의 수적手蹟을 기록하면 <회덕충현서원사적비懷德忠賢書院事蹟碑>, <충주예판조형비忠州禮判趙珩碑>, <양주능원대군보신도비楊州綾原大君俌神道碑>를 들 수 있으나, 회덕과 충주의 비는 접할 수 없어 다음 기회에 찾기로 하고 능원대군 이보李俌의 신도비는 녹촌리 궁촌마을에 있어 탁본拓本 전시중이다.

기록에 빠진 별내면別內面의 <윤천뢰신도비尹天賚神道碑>와 송능리 <조맹묘표趙孟墓表>도 추가하며 수일 전에야 비로소 동강의 진수眞髓로 완상玩賞할만한 진적眞蹟을 찾아내어 대단한 수확을 얻었거니와 이는 송우암宋尤庵의 <취석醉石>에 비견比肩될만한 작품이다.

신도비의 소자小字만을 대하다가 제법 큰 글씨를 접하니 윤기가 흐르고 힘이 있음을 상상한 것보다도 오히려 초월함에 놀라지 않을 수 없다.

정관재靜觀齋 이단상李端相의 구기舊基 영지동靈芝洞이란 비를 쓰고 그 뒤에 <선생지풍先生之風 산고수장山高水長>이라 하여 선생의 학풍을 높여 평가하였다.

영지동은 지금의 내곡동이니 밭 한가운데 거석巨石 꼭대기에 세운 비석으로 운치는 물론이려니와 한층 더 아름답게 조영造營하였다.

서체書體에 일천日淺하여 감히 서평書評을 하기란 어려우나 조선 국초國初에는 촉체蜀体라 하여 송설체松雪体를 썼고, 선조宣祖 이후 인조仁祖까지 약 80년간 한체漢体라 하는 석봉체石峯体를 썼으며, 이후 영조英祖까지 약 80여 년간 진체晉体라 하여 왕희지체王羲之体를 쓰게 되자 동강東岡은 서명균徐命均과 함께 진체晉体의 명서가名書家로 일세를 풍미하였다.

신도비는 늘 큰길 옆에 있어 여러 사람들이 볼 수 있어야 하나 동강의 신도비는 출입이 불가능하여 그렇지 못함이 유감이며 묘역 또한 그 분의 업적에 걸맞지 않게 원형이 너무 훼손되어 민망할 뿐이다.

새로 만들어 치장한 병풍석을 오히려 빼어 내고 묘역 아래 뒹구는 구석舊石으로 원형을 복구하여야 하며 그 시간은 빠를수록 좋겠다는 생각이다. 그것은 동강東岡의 유택幽宅이 문화재로서 영원하여야 할 유택이기 때문이다(1999.5.15).

[http://남양주타임즈 2006.12.9]

# 선원 김상용 선생 묘

　　김상용金尙容(1561~1637)은 조선 중기의 문신으로 자는 경택景澤, 호
는 선원仙源·풍계風溪·계옹溪翁이며, 돈녕부도정을 역임한 극효의
아들이며, 김상헌金尙憲의 형이다.

　　일찍이 우계 성혼成渾의 문하에서 수업하였으며, 율곡 이이李珥를
스승의 예로서 존숭하였다. 1590년(선조 23) 증광문

▲ 선원 김상용 선생 묘, 좌측 묘는 조부 김상용을 따라 순절한 손자 수전의 묘 ⓒ김준호

과에 병과로 급제하여 검열檢
閱이 되었다. 임진왜란이 일
어나자 강화로 피신했다가 정
철의 종사관이 되어 왜구토
벌과 명 군사 접대에 공을 세
워 1598년(선조 31) 승지承旨에
발탁되고, 왕을 측근에서 보
필하다가 성절사聖節使로 명나
라에 다녀왔다.

여러 관직을 거쳐 1623년
인조반정으로 예조 및 호조

▲ 김상용 충효각 ©윤종일

판서를 거쳤고 기로소에 들어갔으나 수차례에 사임을 건의하여 사임
하였다.

병자호란 초기의 왕의 명령으로 왕족을 시중하고 강화 선원촌으로
피난하였다가 적의 형세가 이미 급박해지자 분사分司에 들어나 자결
하려고 하였다. 인하여 성의 남문루南門樓에 올라가 화약火藥을 장치한
뒤 좌우를 물러가게 하고 불을 질러 순절하였다. 그의 손자 수전壽全
과 노복 한 명이 따라 죽었다.

선생은 사람됨이 중후하고 근신하였으며 청직의 낭관 등 학식과 덕
망을 겸비한 문신출신의 주로 임명된 요직과 화직華職을 두루 역임하
였는데, 해야 할 일을 만나면 임금이 싫어해도 극언하였다.

광해군光海君 때에 참여하지 않아 화가 박두했는데도 두려워하지
않았다. 인조반정 후 지위가 정축에 이르렀지만 몸을 단속하여 물러

① 김상용 묘
② 김상용의 손자 김수전 묘
③ 김상용 신도비
④ 김상용 충효각

▲ 김상용 선생묘, 충효각, 신도비가 보인다. ⓒ항공촬영; 상산문화유적발굴

▲ 김상용 신도비 ⓒ김준호

날 것을 생각하며 한결같이 바른 지조를 지켜, 한 시대의 모범이 되었다. 그러다가 국가가 위망에 처하자 먼저 의리를 위하여 목숨을 바쳤으므로 강도江都의 인사들이 선생의 충렬忠烈에 감복하여 사우를 세워 제사 지내었다.

선생은 시와 문장을 잘하고 글씨를 잘 썼다. 시는 두보杜甫와 한유韓愈를 본받아 담박하고 진실하였으며, 문장은 바르고 간결하였으며, 글씨는 이왕체二王體(왕휘지와 왕헌지의 글씨체)를 잘 썼고, 중체衆體를 겸하였다. 시호는 문충文忠이다. 선생의 묘는 경기도 기념물 제99호로 지정되어 있으며, 와부읍 덕소리 산6번지에 위치한다.

[http://남양주타임즈 2006.12.19]

# 일월상도日月象圖의 의미意味

　우리 남양주시에는 다른 지역에서 보기 드문 석비石碑 삼기三基가 있으니 우리 시의 자랑은 물론이려니와 미술사美術史를 공부하는 사람으로 볼 때 다행스럽기 그지없다.

　변안열邊安烈(1334~1390) 선생은 원주 변씨 시조이며, 고려 말 충신으로서 영삼사사領三司事에 올랐고, 조선 개국 때 우왕 복위를 도모하다가 죽음을 당한 분으로 그때 부른 <불굴가不屈歌>는 정몽주鄭夢周의 <단심가丹心歌>와 함께 유명하다. 1571년 세운 변안열의 묘표는

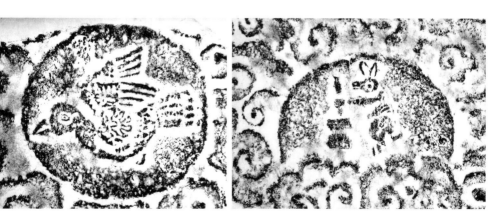

▲ 변안열邊安烈 묘비墓碑(남양주시 용정리)

신도비에 해당되는 크기이며 특이한 것은 앞면에 일상문(삼족오)을 뒷면에 월상문(옥토)을 넣은 것인데 그 반대로 조식하였다. 아마도 세상이 뒤바뀐(고려에서 조선으로) 현실을 뒤집어 표현함으로서 충신의 뜻을 대변한듯하다.

정미수鄭眉壽(1456~1512) 선생은 해주인海州人으로 문종의 따님이요, 단종의 누님이신 경혜공주敬惠公主와 정종鄭悰 사이의 아드님으로서 운명이 기구하여 아버지는 단종복위에 연루되어 사사되고 세조가 데려다 길렀다. 그에 대한 글은 기회가 주어지면 다시 쓰기로 하고, 묘표에 조각된 문양이 표면엔 용龍 머리를, 이면엔 옥토玉兎를 조식하였다.

박운朴雲(1493~1562) 선생은 순천인順天人으로 도곡리 금대산 양지바른 자락에 중종반정의 주역이며 영의정에 오른 박원종朴元宗의 묘역 안에 있으니 일월도日月圖가 선명하다. 특히 삼족오의 새는 세 발이 뚜렷하고 현대 감각에도 어울리는 세련된 조각이 돋보인다.

일월상도 가운데 일상도日象圖는 태양을 뜻하는 그림으로, 둥근 원圓 안에 다리가 셋 달린 봉鳳 또는 닭鷄 모양이 그려져 있어 삼족조三足鳥라 하며 일설에 의하면 까마귀라 하여 삼족오三足烏로 불리어 지기도 하나 조자鳥字와 오자烏字의 한자가 같기 때문이라 삼족조로 하는 것이 타당하겠다.

삼족조는 청조靑鳥 또는 적조赤鳥라 하는데 『춘추春秋』에는 일중유삼족조日中有三足鳥라 했고, 『회남자淮南子』에서는 일중유준조日中有준鳥라고 기록되어 있다.

이렇듯 우리 시에 문화재적 가치가 있는 세 비석은 보존에 힘쓸 시기가 왔음을 밝혀둔다.

봉황의 문양은 우리나라 전통적 문양으로 고대미술에서부터 근대에 이르기까지 여러 곳에서 나타나는데 회화에서는 고분벽화, 민화에 이르기까지 다양하며 금동장식 공예에서도 폭넓게 쓰였으니 대개의 삼족오는 봉황의 구성으로 닭의 모양과 흡사한 것을 볼 수 있다.

▲ 박운朴雲 기표墓表(남양주시 도곡리) ⓡ임병규

발이 셋 달린 새의 상징성은 정확히 알 수는 없으나 불교佛敎의 영향권인 동양의 여러 나라들은 인도문화印度文化의 영향을 받지 않았나 생각된다.

인도의 비슈누 신화에 태양신을 찬미하는 가운데 "비슈누는 일출日出, 충천沖天, 일몰日沒의 세 가지 현상을 세 걸음으로 이 세상을 헤아린다." 한 다음, 천天, 공空, 지地 삼계三界를 일시에 건너 측량한다고 하였다. 그런 뜻으로 본다면 아마도 삼족조의 세 다리는 태양의 운행과 삼계와의 관계를 뜻하는 것으로 추측된다.

월상도月象圖는 달을 말하는 바, 삼천년을 산다는 두꺼비[蟾蜍], 또는 두꺼비와 토끼[玉兎]의 그림을 볼 수 있는데, 『회남자淮南子』는 "월중유담여月中有蟾蜍"라 기록하고 있으며, 『후한서後漢書』의 「천문지天文志」는 항아姮娥가 서왕모西王母의 불로장생不老長生 약을 훔쳐 가지고 달로 도망하여 신의 노여움을 사 두꺼비가 되었다고 기록하고 있다.

토끼의 그림은 우리나라 민화는 물론이러니와 고분벽화에서도 가끔 등장하는 것을 볼 수 있다. 변안열, 정미수, 박운의 세 묘표墓表에서는 두꺼비가 생략된 채 토끼가 절구통에 약초를 넣고 방아를 찧는 그림이 조식彫飾되어 있어 지금까지 전래하여 내려오는 전설을 듣는 듯하여 매우 흥미롭다.

현장玄裝의 『대당서역기大唐西域記』를 빌어 이야기하자면 한 숲속에 여우와 원숭이와 토끼가 사이좋게 살았는데 제석천帝釋天이라는 신이 늙은이로 변신하여 세 동물들의 마음을 시험해 보기로 하였다. 영감은 몹시 배고픔을 호소하며 먹을 것을 구求하니 여우는 잉어를 잡아 오고, 원숭이는 나무열매를 따 가지고 왔으나 유독 토끼만이 빈손인 바 영감이 모두에게 꾸짖어 가로되 수행이 부족하여 화목치 못함을 질책하였다.

토끼는 여우와 원숭이에게 미안함을 말하고 땔감을 모아 달라고 하더니 불을 지피고 하는 말이 "영감님, 저에게는 힘이 없어 잡수실 것을 구하여 오지 못하였으니 저의 이 몸을 잡수시옵소서." 하며 불 속으로 뛰어들어 타 죽었다.

영감은 다시 제석천으로 되돌아와 토끼의 착하고 고운 마음씨를 높이 칭송하고 이런 사실을 후세에 길이 전하고자 토끼를 달 한가운데에 넣어 남겨두었다고 전한다. 이 전설을 들으며 지금을 살고 있는 우리들로서는 느끼는 바 있어 그저 씁쓸할 뿐이다.

[http://남양주타임즈 2007.1.31]

# 의왕義王 이강李堈

이강李堈(1877~1955)은 조선 말기의 왕족으로, 본관은 전주全州. 초명은 평길平吉. 호는 만오晩悟·춘암春菴, 의왕義王·의친왕義親王 또는 의화군義化君이라고도 불린다. 고종의 다섯째 아들이며, 순종의 이복동생으로 어머니는 귀인 장씨貴人張氏이다.

1891년(고종 28) 12월에 의화군에 봉하여졌으며, 1893년 9월 김사준金思濬의 딸을 맞아 가례嘉禮를 올렸다. 1894년 9월 청일전쟁에서 승리한 일본의 전승을 축하하는 보빙대사報聘大使로 임명되어 일본에 갔다가 그 해 10월에 귀국하였다. 1895년 5월에는 특파대사자격으로 영국·독일·러시아·이탈리아·프랑스·

▲ 의친왕 이강李堈

오스트리아 등 유럽국가를 차례로 방문하여 선진문화를 접하게 되었다. 1900년 미국으로 유학하여 미국대학교 특별과에 입학하였으며, 같은 해 8월에 의왕義王으로 봉하여졌다. 1905년 4월 미국유학을 마친 뒤 귀국하여 그 해 6월에 적십자사 총재가 되었다. 1910년 일제에

나라를 빼앗긴 뒤에는 항일 독립투사들과 접촉하여 1919년 대동단大
同團의 전협全協·최익환崔益煥 등과 상해 임시정부로 탈출을 모의하였
으며, 계획을 실행에 옮기던 도중 그 해 11월 만주 안동安東에서 일본
경찰에게 발각당하여 강제로 서울로 송환되었다. 그 뒤 여러 차례 일
본정부로부터 도일을 강요받았으나 끝내 거부하여 항일의 기개를 굽
히지 않았다.

이강은 경술국치 이후 혹독한 탄압과 감시를 받기도 했다. 1909년
10월 거창군 위천면으로 낙향한 전 승지 정태균鄭泰均의 집을 방문하
여 한 달간을 머물며 이 고장의 뜻있는 우국 청년들과 접촉하고 경남
거창군 북상면 사선대四仙臺 일대를 장차 의병의 근거지로 삼으려고
준비를 하다가 일본경찰에 발각되어 서울로 압송되고 말았다.

그 이후 사선대四仙臺는 사선대思璿坮로 고쳐 부르게 되었으니 이는
이강공을 기리기 위함이다. 1919년 3·1운동 후 같은 해 11월 이강은
<제2독립선언서>를 주도하여 발표하였다. 건·우 두 아들을 두었으
며, 묘역은 홍유릉 경내에 있으며 영왕英王, 이은李垠 내외분과 지근
거리에 있으며 사랑스러운 여동생 덕혜옹주德惠翁主, 이렇게 3남매가
잠들어 있다.


<제2독립선언서第二獨立宣言書>

半萬年歷史의 權威와 二千萬民衆의 誠衷으로 엎드려 我國家가 獨立國
임과 我民族이 自由民임을 玆에 天下萬國에 宣言하고 또한 證言한다.


槿域 靑邱는 누구의 식민지가 아니며 檀孫麗族은 누구의 奴隷種도

아니다 國家는 즉 東方의 君子이며 겨레는 곧 先言하는 善人이다.

그럼에도 運이 막혀 나라를 다스린지 오래자 亂을 일으켜 밖으로는 鯨呑하는 强隣이 있고, 안으로는 나라를 좀먹는 奸賊이 있어 五千年의 神聖한 蟬死와 二千萬의 禮義民族과 五百年의 社稷이 一朝에 湮滅하였다. 朝延에는 殉國하는 臣下가 있고 들에는 死節하는 百姓이 있다. 그러나 皇天이 사랑하지 않아 國民에 祿이 없다.

皇帝의 聲明에 갑자기 辱을 당하여 廢遷한 士民의 義擧는 忽然히 殲族의 禍를 입고 濫稅苛法과 虐遇奴使에 百姓은 生命을 依支하지 못하게 되었다. 그리하여 이를 말하면 곧 强盜로서 處罰되고 十字架에 매달아 이를 죽였다. 무릇 이는 忠義의 魂으로서 殘忍之下에 消滅된 者 幾千萬인가 아픔을 참고 견디며 臥薪嘗膽한지 十星霜을 지냈다. 陰이 極하면 陽이 되고 아니가고 돌아옴은 天理의 好還으로서 죽음에 處하여 生을 求하고 생각을 오래하고 깊이하여 일어섬은 人道의 至情이다. 世界의 改造 民族自決論은 天下에 드높아져 我國의 獨立, 我民族의 自由之聲은 宇內에 가득 찼다. 於是乎 三月 一日 獨立을 宣言하고 四月 十日 政府를 建設하였으나 頑迷한 그 日本은 時勢의 推移를 顧慮함이 없어 쓸데없는 豺의 蠻性을 發揮하여 크게 抑仰을 제마음대로 하고 白手인 徒衆을 銃砲로 죽이고 城邑村落을 懆 盡하였다. 이 어찌 人類的으로 良心으로서 참고 견딜수 있을 것이냐 吾族의 丹忠熱血은 決코 이 非正理的 壓迫에 減縮되지 않고 더욱 正義人道로서 勇往邁進함이 있을 뿐, 萬一 日本으로 하여금 끝내 이를 悔改함이 없다면 吾族은 不得己 三月 日의 公約에 依하여 最後의 一人까지 最大의 誠意와 最大의 努力으로써 血戰함을 辭讓하지 않을 것임을 茲에 聲明한다.

大韓民國 元年 十一月

民族代表三十三人

義親王 李堈, 金嘉鎭, 金協, 楊槙, 李政, 金商說, 田相武, 白初月, 崔詮九, 張炯九, 金益夏, 鄭尙敎, 李鐘春, 金世應, 鄭義南, 羅昌憲, 韓基東, 申道安, 李信愛, 韓逸浩, 朴貞善, 魯弘濟, 李眞鉉, 李來修, 金炳起, 李謙容, 李雪吼, 申泰鍊, 申瑩澈, 吾世惠, 鄭奎稙, 金弘鎭, 廉光祿.

[http://남양주타임즈 2007.1.16]

# 동인東人 김효원金孝元

조선 중기 이후 계속된 당파 싸움의 시작은 선조 때의 문신인 성암省庵 김효원金孝元(1542~1590)과 손암巽菴 심의겸沈義謙(1535~1587)의 전랑銓郎이라는 관직을 둘러싼 암투로부터 시작한다.

사람들은 한성의 동쪽인 건천동乾川洞에 사는 김효원을 동인으로,

▲ 김효원의 묘 ⓒ임병규

서부에 사는 심의겸을 서인西人으로 불렀다.

　동인은 주로 신진사림과 퇴계 이황李滉, 조식曺植의 문인을 중심으로 구성되었고, 서인은 구사림세력과 율곡 이이李珥가 가세하여 그를 중심으로 하는, 즉 신·구의 대립을 벗어나 학연성의 대립으로 발전하여 정치운명의 형태로 굳어지게 되었다.

　성암 김효원은 1565년(명종 20) 알성 문과에 장원급제하여 주요 직책을 두루 역임하였다. 지평을 맡고 있을 때 문정왕후 윤씨가 죽고 척신계가 몰락함과 더불어 새로이 등장한 신진 사림파의 대표적 인물로 부상하게 되었다. 1572년 김효원은 이조전랑으로 오건吳健을 추천하였으나 과거 문정왕후의 동생 윤원형尹元衡의 문객이었다는 이유로 이조참의 심의겸이 반대하여 뜻을 이루지 못한 적이 있었다.

　1575년 심의겸의 동생 심충겸沈忠謙이 이조전랑으로 추천되자 이번에는 김효원이 전랑의 관직은 절대로 척신의 사유물이 될 수 없다고 반대하여 좌절된 바, 이때부터 동·서로 나뉘고 훈구와 척신의 싸움으로 발전하게 된다.

　심의겸을 척신이라 함은 명종明宗의 비인 인순왕후仁順王后 심씨의 동생이기 때문이다. 그러나 심의겸은 권세와 간계를 배척하고 사림의 입장을 옹호하는데 힘을 씀으로서 당시 사림 간에 폭넓게 지지를 받는 인물이었다.

　두 사람의 대립은 사림의 분열로 이어지고, 점차 심해지자 우의정 노사신과 부제학 이이 등은 분쟁 완화의 조정안으로 두 사람을 한성을 떠나 외직으로 보낼 것을 임금께 아뢰니 김효원은 경흥부사로, 심의겸은 개성부유수로 나가게 된다.

그러나 김효원이 더 외딴 외직에 배치되었다는 동인의 반발로 그 조정안은 실패로 끝나고 오히려 골만 깊어갔다.

선조 때는 당쟁이 더욱 고조되어 김효원은 자청해서 안악군수로 나갔다.

이때부터 김효원은 입을 굳게 다물고 붕당의 책임을 통감하여 세상 돌아가는 일에 개의치 않았다.

선조의 특명으로 영흥부사로 승진하여 재직 중 죽으니 이조판서에 추증되고 삼척의 경행서원景行書院에 제향되었다.

김효원의 본관은 선산善山이며 아버지는 현감 홍우弘遇이니 선누대 묘소가 별내면 화접6리에 있다.

▲ 김효원의 묘갈 ⓒ임병규

주을천 옆 묘소 입구에 옥개형 신도비가 있는데 이준李埈이 짓고 김세렴金世濂이 글씨를, 허목許穆이 전액하여 1743년에 세웠다.

남의 허물을 굳이 들추어 싸움만 일삼는 작금의 정치판과 400년 전 동서 붕당과 얼마만큼 다르단 말인가. 국리민복을 도외시한 정치는 결국 국력이 약화될 수밖에 없다.

어떠한 이유가 있더라도 대화로 푸는 길을 모색하여 국민이 걱정 않고 살 수 있는 세상을 만들어야 하는데 요원할 뿐이다.

[http://남양주타임즈 2007.1.26]

# 열초 정약용의 매조도梅鳥圖

　열초 정약용의 <매조도梅鳥圖>는 열초 특유의 행서체로 '제화시'를 넣고, 시詩 옆의 후기에 "가경嘉慶 18년 계유년癸酉年 7월 14일에 열수옹洌水翁이 다산동암茶山東菴에서 쓰다(嘉慶十八年癸酉七月十四日洌水翁書于茶山東菴)."라고 적고 있어 이 그림이 1813년(순조 13), 그의 나이 53세

▲ 열초 정약용이 〈매조도〉를 그렸던 동암 ⓒ윤종일

때에 강진에서 그려졌음을 알 수 있다. 따라서 어떤 의미에서 열초 정약용의 작품으로 추정되는 5편의 '산수화'들이 모두 제작년도를 확인할 수 없는 추정작들임에 비해, 이 작품만 유일하게 열초의 진작眞作임과 동시에 그 제작연유를 확인할 수 있는 가장 중요한 작품이라 할 수 있다.

주지하듯이 화조화花鳥畵는 상징적 의미와 장식적인 성격 때문에 어느 시기에나 감상화로서만이 아니라 실용적인 목적으로 꾸준히 제작되어 왔다. 더구나 조선 후기는 부농층의 출현과 상업 자본의 성장으로 인한 막대한 부가 축적되고 있던 시기로 이러한 사회 변화를 바탕으로 화조화花鳥畵 역시 심사정과 같은 이들을 필두로 다양한 양상을 보이면서 전개되었다. 더구나 산수화보다 소재나 기법, 표현 형식에 구애를 받지 않았던 화조화는 자기가 흥미를 느끼는 대상을 자유로이 선택하여 그릴 수 있는 화목이었고, 화조화 역시 "화보"를 통해 새로운 형식, 즉 조선중기의 수묵화조화水墨花鳥畵 경향에서 담채를 보다 적극적으로 사용하고 섬세한 필선과 몰골법을 특징으로 하는 화조화풍이 크게 유행하였다.

열초의 <매조도>는 그 형식으로 보아 조선후기 이래 "화보"를 통해 유행했던 화조화 형식을 따른 것이다. 매화가지로부터 화판花瓣, 봉오리에 이르기까지 담묵淡墨의 세필로 일일이 윤곽을 그려 넣었고, 꽃가지의 치밀하고 착실한 묘사, 담홍淡紅, 담록淡綠, 갈褐, 호분胡粉 등 설채設彩는 일부 퇴색하였으나, 우리의 향토색鄕土色 짙은 온화하고 맑은 기운의 잔흔을 남기고 있다. 매화나무 아래 가지 중앙에 배치된 2마리의 새 역시 단아하고 시정있게 표현되었다. 또한 7월에 그린 봄

날의 매화 그림이라 사생보다는 상징적인 사의로 구성된 작품이지만, 그럼에도 오래도록 관찰하고 사생하여 그린듯한 익숙한 필치가 독창적인 묘사와 구도를 돋보이게 한다. 전체 화폭의 1/3가량의 상단 화면에 매조를 그렸고, 그 하단 2/3가량의 화면에 다산 특유의 행서체로 시와 발문을 적어 넣은 구도이다. 어찌보면 그림보다도 제화시題畵詩 자체가 화면의 주가 되어 있는 작품이라 볼 수 있다. 이 작품을 만들게 된 연유를 열초는 『제하피첩題霞披帖』에 '내가 강진에 유배살이 하고 잇을 적에 병든 아내가 헌 치마 다섯 폭을 보내왔다. 아마 그가 시집올 때 입고 왔던 분홍색 치마였나 본데 붉은 색깔도 이미 바랬고 노란색도 엷어져 가는 것이었다. 바르고 곱게 장정된 책을 만들려고 가위로 재단하여 소첩小帖을 만들었다. 손이 가는 대로 경계의 말을 지어서 두 아들에게 보낸다(余謫居康津之越數年 洪夫人寄?裙六幅 歲久紅? 剪之爲四帖以遺二子 用其餘爲小障 以遺女兒).'라 적고 있다.

부인이 보내온 시집올 때 가져온 빛바랜 헌 치마를 이용하여 두 아들에게 보낼 소첩을 만들고, 그리고 남은 치마폭으로 매조를 그려서 초당의 제자 윤창모에게 시집간 딸에게 소품을 만들어, 딸에게 보낸 선물이었던 것을 알 수 있다. <매조도>의 시詩 내용은 아래와 같다.

> 훨훨 새가 날아와, 우리집 마당 매화나무에 앉았네
> 짙은 향기에 이끌려, 흔연히 찾아 왔으니
> 여기에 멈추고 이곳에 깃들어, 함께 집짓고 즐겁게 살자구나
> 꽃이 핀 다음에는, 열매도 가득 맺으리

> 翩翩飛鳥  息我庭梅
> 有烈其芳  惠然其來

爰止爰樓 樂爾家室
華之旣榮 有賁有實

　이로 보면 <매조도>는 열초가 사실적인 필치의 화조화에 아취 어린 시를 적어 넣고 있으니 일견 "시화詩畫"라고 해도 무방하거니와 그것도 다산의 대표적인 서법의 글씨가 화면 2/3의 공간을 점유한 것을 고려하면 또 서예작품이라 하더라도 무방하다. 이로 볼 때 열초가 한때 시詩·서書·화畫 삼절 소리 듣는 것을 기대했던 적이 있었다고 한 고백이 헛말이 아니었음을 이 <매조도> 한 점이 역설적으로 증명하는 듯도 싶다.

　특히 청초한 아름다움과 굽힐 줄 모르는 정신의 상징인 매화는 북송의 은사隱士로 20년간이나 매梅와 학鶴과 더불어 살며 시정市井에 내려오지 않았다고 전해지는 시인 임포林逋(967~1028) 이후 문인들에게 크게 사랑받았던 소재이다. 한국에서는 고려 때부터 널리 그려져 온 것으로 추정된다. 매화가 새[鳥]나 대나무[竹] 등 다른 소재와 함께 그려지는 것은 조선 중기의 작품들에서 흔히 볼 수 있는 것이지만, 조선 후기의 매화도에서는 잘 보이지 않는다고 한다. 이런 견해에 비추어 볼 때 열초의 <매조도> 역시 조선 중기 이래의 화조화 전통에 새로운 화풍을 가미하여 그려진 그림으로도 추정해 볼 수 있겠다.

　그런데, 상징으로서의 '매화'가 지니는 문인 사의성에 반해, 그림으로서의 '화조화'와 관련하여 매우 흥미로운 기록이 있다. 『경국대전經國大典』「예전禮典」의 '취재取才'조에 의하면 도화서의 화원들을 시험을 통해 선발할 때 '화초花草'는 4등급으로 분류되어 있어 잘 받아야

2분을 넘지 못했으며, 이것은 2등급인 '산수山水'의 보통작품 점수인 3분보다도 낮은 것이어서 화원들은 자연히 대나무[竹]나 산수山水 등 높은 등급의 과목을 선호했다고 한다. 무릇 이같은 화목畵目에의 점수제란 것이 전근대적 봉건사회의 특성에서 비롯된 것이겠지만, 그것이 법제에 규정될 정도의 등급이고 보면 아마도 화조도는 조선의 문인들에게 그리 폭넓게 수용되지 못했던 듯싶다.

더욱이 열초 이후 조선 말기 회화사의 서막을 연 문인화가로 추앙받고 있는 추사 김정희(1784~1856)를 생각해볼 때 더욱 그러하다. 열초 이래 20여 년 이후 추사 김정희로 대별되는 조선 말기 회화사의 귀결점이 어떤 면에서 실로 문인지상주의적인 관념적 문인화의 한 전형 보여주면서 그 화풍畵風의 뿌리를 내리고 있다면, 열초는 화원들에게도 일견 환영받지 못했던, 어쩌면 당시 서민문화의 풍토에서나 그 상징성과 장식적인 실용성으로 더욱 아낌을 받았을지 모를 '화조화'에 자신의 소담하고 아취어린 필치의 그림솜씨와 시詩의 기재奇才로서의 자신의 문기어린 시詩 한 수와, 그리고 자신만의 독특한 서체書體까지 한 화폭에 정성스럽게 모아서 남겨놓고 있다는 사실이다. 그리고 이같은 회화사적 현상을 또 어떻게 설명할 수 있을지를 생각해볼 때 다산의 '애민사상愛民思想'의 일면을 이 <매조도>가 보여주는 것은 아닌가 하는 여운을 남기는 작품이다.

[http://남양주타임즈 2007.2.22]

# 암행어사 박문수의 고택지古宅址 발견

  1987년 봄 필자는 조안면 능내리 마현 마을을 답사하였는데 촌노
(성명 미상) 한 분으로부터 박문수朴文秀의 집터 이야기를 들은 바 있었
으나 별로 대수롭지 않게 흘려보낸 일이 있다.

  그 이유로 첫째 마현 마을에는 누대를 나주 정씨羅州丁氏가 살아왔고
현재에도 살고 있는 반면 고령 박씨의 후손들이 부재不在하다는 점과

▲ 박문수의 고택지, 현재 음식점이 들어서 있다. ⓒ윤종일

둘째 나주 정씨 입향조入鄕祖로 병조참의를 지낸 정시윤丁時潤(1646~713)은 남인南人이며, 박문수는 서인西人(少論)이었기 때문에 극단적 대립관계의 인사가 한 마을에 동거한다는 것이 납득하기 어려웠기 때문이다.

정시윤의 입향入鄕시기는 1694년 3월(숙종 20) 남인 일파가 몰락한 갑술甲戌 옥사가 일어나 소론이 정권을 장악할 때와 1698년(숙종 24) 잠시 세자시강원 필선으로 복직되었다가 파직될 때가 아니면, 1708년(숙종 34) 전국적으로 홍역과 나병이 창궐하여 수만 명이 죽고 같은 해 5월 큰 한해旱害로 인하여 농사를 망친 일로 인하여 9월 조정에서는 백성에게 양곡 방출을 의논하기에 이르는데, 이때 정시윤은 숙종으로부터 노여움을 사서 파직되고 말았다.

그러므로 정시윤의 마현 마을 입향은 1708년에 무게를 두고 싶다. 그리고 5년 후 1713년 졸하게 된다.

박문수의 입향에 관하여 연보年譜를 옮겨 보면 1751년(영조 27) 그가 61세 되던 해 4월에 배를 타고 초천苕川에 갔다.

자신이 노후 전원생활을 할 곳을 늘 생각하던 차에 1650년 나랏일로 관동에서 돌아오는 길에 보아 둔 초천이 생각나서 당도하여 보니 이미 정씨丁氏 일문이 마음이 즐겁고 평화롭게 살고 있었다.

이상에서 볼 때 박문수의 입향은 정시윤의 증손되는 정지해丁志諧(1712~1756), 즉 열수洌水의 조부 때 일이다.

여기에 열초의 임청정기臨淸亭記를 분석하여 보면 병조참의 정시윤 공이 죽은 지 60여 년이 지난 후 판서 박문수가 정시윤이 초천에 지은 '임청정'이 탐이 나서 많은 돈을 주겠다고 꾀어 마침내 박씨의 소유가 되었다고 기록하였는데 박문수의 입향년은 1751년이므로 정시윤 사후 60년이 아니고 38년으로 고쳐져야 한다.

박문수는 고령 박씨로 자는 성보成甫, 호는 기은耆隱, 이조판서 장원長遠(1612~1671)의 증손이며, 영은군靈恩君 항한恒漢(1666~1698)의 아들이다.

어머니는 경주 이씨로 영의정을 지낸 백사白沙 이항복의 고손녀高孫女이며, 아버지는 공조참판 이세필李世弼이다.

부인은 청풍 김씨淸風金氏로서 우리 남양주 삼패리(현 삼패동) 평구 마을 유택이 있는 영의정을 지낸 잠곡潛谷 김육金堉의 고손녀이며, 청풍부원군 김우명金佑明의 증손녀이니 이분의 따님은 현종비顯宗妃이신 명성왕후明成王后이고, 숙종임금의 외할아버지가 된다.

장인은 목사를 지낸 도협道浹이니 외가를 보나 처가를 보나 당대 최고 명문가로 꼽힌다.

박문수는 1723년(경종 3) 증광문과에 병과로 급제하여 예문관 검열에 발탁되고 그 뒤 세자시강원설서, 병조정랑이 되었으나 1924년(영조 즉위년) 노론이 집권하면서 삭탈 되었다가 1727년 7월[丁未換局]에 소론이 집권할 때 사서로 등용되고 그 길로 암행어사에 발탁되니 박문수가 훑고 지나간 곳(영남지방)은 부정과 비리가 발본색원되고 산천초목이 떠는지라 이때 얻은 별칭이 어사 박문수로 통하였다.

1728년 3월 소론의 거두였던 김일경金一鏡의 잔당인 이인좌李麟佐 등이 효종孝宗의 증손인 밀풍군密豊君 탄坦을 왕으로 추대하여 세도를 얻고자 무신란戊申亂을 일으켜 청주성淸州城을 점령하고 승리를 거듭하여 한양으로 북상 중이었다.

영조는 긴박하게 대응하니 도순무사에 오명항吳命恒(1673~1728)을, 박문수를 종사관으로 하여 안성까지 올라 온 반란군을 3월 24일 완전

소탕하여 분무공신奮武功臣 2등에 책록되고, 영성군靈城君에 봉해졌다.

같은 해 영안에 이어 충청도 암행어서로 나가 기아에 허덕이는 백성을 구제하는 데 힘을 기울이니 만백성이 어사 박문수를 칭송하였다.

그 후 병조, 호조, 예조판서를 거쳐 1752년 왕세손이 죽자 책임추궁을 당하여 제주도로 유배 후 다음해 우참찬에 올랐다.

1742년 함경도 진휼사로 나갔는데 진휼사의 임무는 흉년으로 기아에 어려움을 겪고 있는 백성들을 도와주고 해결하여 주는 직책인바 이때 경상도의 곡식 1만 섬을 실어다 기민하였다. 함경도 백성들은 송덕비를 세워 주기도 하였다.

다음은 정문丁門과 박문朴門의 입향에 관하여 열수洌水의 임청정기臨淸亭記를 전재하여 참고하고자 한다.

&lt;임청정기臨淸亭記&gt;

옛날 100년 전에는 소양강이 고랑皐狼 아래에 이르러 동쪽 남주濫洲의 북쪽을 남한강南漢江으로 들어갔다.

남강의 물살은 빠르고 거세어 곧장 서쪽으로 달려 반고盤皐의 아래에서 합쳐졌다.

그래하여 홍수가 질 때마다 반고는 물에 잠기므로 사람들이 그곳에 살지 않았다.

그 뒤에는 소양강 물이 아래쪽 부암鳧岩(물오리 바위)의 남쪽에 이르러 비로소 남강과 만나 남강의 거센 물상을 밀어내어 물리쳤다.

물은 귀음龜陰의 강기슭을 지나 석호石湖의 동쪽에 이르러 비로소 이어져 서쪽으로 향하게 됨으로 이때는 반고가 높이 솟아 있게 됨으로 촌락이 형성되었다.

이것이 초천이 생기게 된 역사이다.

숙종 만년에 나의 5대조 할아버지 병조판서 정시윤丁時潤(1646~1713) 공께서 상소하여 양곡 방출을 애원한 일을 가지고 논의하다가 숙종의 노여움을 사서 벼슬에서 물러나게 되었다.

이때 열수(두물머리)의 물가를 따라 노후에 살만한 곳을 구하다가 초천의 위쪽에 이르러 반고를 발견하게 되었다.

반고의 주인이 있는지를 물었으나 주인은 없었다.

산아래 사는 주민들을 쫓아가서 그들을 깨우쳐 말하기를 "이 반고는 하늘이 나에게 내려준 것이다. 그렇다고 그저 차지할 수는 없는 노릇이니 먼저 살고 있는 너희들이 곧 주인이 되는 것이다." 하고 말다레(말의 안장에 길게 늘어트린 천)를 벗겨 그들에게 주고 그 땅을 얻었다.

그 땅의 형세를 살펴보니 동쪽에는 두물이 새로 모여 여울이 잔잔하지 않고 서쪽에는 골짜기 입구가 처음 갈라져서 바람이 모이지 않았다.

이어 반고를 셋으로 나누어 그중 3분의 2는 서쪽에 있는데 여기에 정자를 짓고 '임청정臨淸亭'이라 편액하여 걸었다.

이는 아마 도잠陶潛의 '귀거래사'에서 뜻을 취한 것 같다.

정자 앞에는 괴송怪松을 많이 심으니 나무가 늙어서 마치 용龍이 도사리고 호랑이가 웅크리고 앉은 형상이며 거북이가 움츠리고 학이 목을 길게 뺀 것 같이 매우 기이하였다.

공께서는 아드님을 두었는데 동쪽에는 큰아들(道泰, 1664~1713) 집을, 서쪽에는 둘째아들(道復, 1666~1720)이 살고 막내(성명 미상)에게는 이 정자(임청정)를 주었고 유산酉山 아래에는 작은 집을 지어 측실側室에서 낳은 아들이 살게 하였다.

공(시윤)이 돌아가신지 60여 년(실제는 38년) 후에 판서 박문수朴文秀가 배를 타고 초천을 지나다가 이 정자를 보고 탐이 나서 많은 돈을 주겠다고 꾀어 마침내 박씨朴氏 소유가 되었다.

그 뒤 임청정이라는 이름은 떼어 버리고 '송정松亭'이라 이름하였다. 후대의 아이들은 이 정자를 송정으로만 알고 본래의 '임청정'이었다는 사실을 모르고 있다.

나는 이것에 느낀 바 있어 기記를 써서 보이고자 한다.

박문수朴文秀의 마현馬峴 입향에 관하여는 이미 언급한 바와 같거니와 지금 '대가大家' 음식점 자리에는 몇 해 전까지도 박문수 고가古家 터의 주초석柱礎石이 옛 모습 그대로 땅에 박혀 있었다. 그러나 이 주초석들은 집터에서 동쪽으로 약 200여 m 지점에 한 카페의 정원에 주인을 잃고 있지 않은가?

그 수효가 무려 95개인 것으로 미루어 그 규모를 짐작하니 아마도 우리 남양주에서는 가장 큰집이 아니었나 추측해 본다.

고건축가의 자문을 얻은 바에 의하면 주초석 한 개가 한옥 한 간間으로 계산하면 우리 평민들이 지을 수 있는 한계가 99간이기 때문에 주초석 4개 정도가 없어진 것으로 보아야 한다. 약 20여 년을 구전으로만 듣던 박문수 고가에 대한 결정적 단서端緖를 제공한 것은 고령 박씨 문중의 묘표墓表 4점이 발견된 지난해 12월 초였다.

마을에서 도로 굴착공사 중 약 50cm 깊이에 있던 비석 4점이 발굴되었다는 마을 이장으로부터 전화신고를 받은 문화관광과 직원의 안내로 조사에 들어갔고 결과는 박문수의 10대 조부 박수림朴秀林(교하현감)과 그 배위配位 청주 한씨淸州韓氏, 아드님 박시손朴始孫, 손부孫婦 숙부인 여양 진씨驪陽陳氏 등 4기인 것으로 판명되었다. 여양 진씨는 박심朴諶(참봉)의 부인이다. 이 비석들은 한결같이 박문수 근식謹識으로 되어 있으며 박문수의 유일한 필적인 안성 오명항토적송공비吳命恒討賊頌功碑뿐이었는 바 고택지 부근에서 그의 글씨를 다량으로 접할 수 있는 행운은 물론이러니와 사료적 가치 또한 크다고 할 수 있다.

입비入碑의 연대 역시 숭정후재무오崇禎後再戊午인바 1738년(영조 14)으로 입향한 1751년과는 13년 전이 된다. 한 가지 추상적으로 생각해 볼 수 있는 것은 박문수는 평시에도 이곳 마현 근처를 자주 출입한 것 같다.

왜냐하면 이 지역은 전통적으로 청주 한씨淸州韓氏의 사패지였는바 조선 초기 환확에게 내려진 땅이었고 박문수의 10대조 박수림朴秀林의 배위가 한확의 후예인 것으로 미루어 처가댁 분산에 유택을 마련했지 않았나 생각해 볼 수 있다. 앞으로 연구의 과제이다.

묘표 4기가 나란히 정렬하여 누워 있는 것도 을축대홍수乙丑大洪水(1925) 때 묘소와 가옥이 유실되고 박문수의 후손들이 이사갈 때 비석을 묻고 떠난 것으로 보인다.

이 이야기는 20년 전 마을 노인으로부터의 증언인 바 대홍수 때 많은 양의 고서古書 등이 유실되었다는 이야기를 들었으며 또 다른 한편으로는 한국전란 때 중공군들이 수십 마차馬車 분량의 책을 싣고 갔다는 증언도 있었다.

그렇다면 마현에서 박문수의 후예들은 그가 입향한 이후 약 200여년에 거쳐 세거한 것으로 보인다.

박문수의 증손으로 공조와 형조판서를 지낸 영선군靈善君 박영보朴永輔(1808)의 자호가 열수洌水요, 뒤는 초천苕川이라 한 것도 지역과 일치한다.

박문수는 여러 관직을 거쳤으나 우리가 알고 있는 일반적 상식은 암행어사로서의 행적을 꼽을 수 있다.

암행어사는 임금이 친히 임명하는 비밀특명사신인 바 왕의 근시近侍의 당하조관堂下朝官 중에서 임시적으로 특명하여 지방을 밀견密見하고 고을 수령들의 부정과 비리를 적발하여 처결함은 물론 백성들의 어려움을 탐문하여 임금에게 복명하는 사신을 말한다.

극비로 임명된 사신은 징복徵服(변장)을 하고 행동을 비밀스럽게 하여 누가 보아도 신분 노출이 되어서는 안 된다. 마패馬牌는 역마驛馬의 지급을 규정하는 패로서 발마패發馬牌라고도 하며, 암행어사는 이마패二馬牌를 사용한다.

이 마패는 말이 두 마리 그려져 있다. 박문수의 묘소는 충남 천안시 북면 은지리 은적산에 있으며 묘표만 있을 뿐 단순하다.

고령 박씨 종중재실(충남 문화재자료 제289호)과 그 안에 박문수 영정(보물 제1189호)이 걸려있다.

앞으로 박문수 고택지에 관하여는 심층연구가 계속 이루어져야 하며 마현을 중심으로 열수洌水 정약용을 비롯한 정약전, 정약종 형제와 유산 정학연, 운포 정학유 형제, 한확 선생, 임숙영, 정백창, 이택 등 삼사三士와 일가 김용기 생가 등 본격적인 연구가 요구된다.

[http://남양주타임즈 2007.3.31]

# 우암폭포 유감

    우암폭포는 남양주시 천마산天摩山에 있는 몇 안 되는 폭포로서, 비록 그 규모는 작지만 주변 경관이 빼어나 제법 찾는 사람이 많은 명소名所이다.

    흐르는 물길은 귤산암橘山岩을 돌아 상폭上瀑을 만들고, 이내 작은 소沼를 이루더니 지체 없이 좌우폭左右瀑으로 나뉘어 낙수落水한다.

    근경近景의 단풍도 아름답지만 수면 위에 움직이는 추색秋色, 또한 아름답다.

▲ 우암폭포 중 〈귤산〉 암각 ⓒ윤종일

우리나라에 명폭名瀑과 거폭巨瀑은 많지만 우암폭과 같은 소폭小瀑으로서 모두 갖춘 것은 많지 않으니 남양주에서 자랑할 만한 미폭美瀑이다.

이런 명소에 어김없이 옛 문인文人, 묵객墨客들이 모여들어 그들만의 흔적을 남겨 계곡의 운치를 더하여 주게 마련이다.

귤산橘山 이유원李裕元도 이곳을 지나칠 수 없었던 듯 아예 집을 짓고 눌러 살았다. 이곳이 지금의 가오실嘉吾室 마을로서 영의정領議政 가곡대감嘉谷大監의 별서지別墅址이다.

작년만 해도 큰 집터는 남아 귤산의 체취를 느낄 수 있었으나, 지금은 유지遺址조차 마구 파헤쳐 지는 것으로 보아 아마도 돈푼이나 있는 사람이 사들여 새 집을 지으려나보다.

귤산 구거지舊居址 앞마당에 버티고 당당히 서 있는 은행나무도 중장비의 굉음에 놀라 눈물 흘리듯 잎들이 떨어지고, 지축을 뒤흔드는 소리에 떨고 있으니 옛 주인의 영화를 생각하면 애석할 뿐이다.

그 뿐이랴! 귤산의 풍류는 소문나 있었으니, 마을 어귀에 연못을 파고 가로질러 줄을 매어 남사당 줄타기 놀이를 즐겼으나, 그마저 없어지고 창고로 변하였다.

이유원李裕元은 순조純祖 14년에 태어나 고종高宗 25년에 졸卒하니 74년을 살았다. 자字는 경춘景春, 초호初號는 묵농墨農, 귤산橘山은 이후의 자호自號였다.

경주인慶州人으로 백사白沙 이항복李恒福의 후손으로 영의정을 지낸 한말의 문신이다.

시서화詩書畵의 삼절三絶로 재주가 뛰어났는데, 시詩는 소동파에 가

깎고, 화畵는 <씨름도>가 유
일하니 평하기 어렵다.

아무튼 귤산은 다재다능多
才多能함에는 틀림없으며 멋
을 알고 살았다. 서울 남산 동
쪽 기슭에 가오실 대감 이유
원의 집이 있었는데, 원래는
오성鰲城 이항복李恒福이 살던
집이었다.

오성의 후손 이유원이 화
산和山이라는 일본사람으로부

▲ 〈청가탁아영淸可濯我纓〉 암각; 이유원, 글書; 우암폭포

터 다시 사들여 별장으로 사용하였다고 한다. 집 주위에 천석泉石의
유승幽勝이 있고, 그 앞의 작은 계곡에는 수각水閣이 있으며, 그 위에
큰 바위에는 '귤산橘山'이라는 각자刻字가 있으니 천마산 우암폭포의
것과 같다.

귤산이 처음 정자亭子를 세우고 낙성연을 베풀 때 여러 대신大臣들
을 초청하였는데, 이때 흥선대원군興宣大院君도 참석하여 질탕하게 풍
류를 즐겼다.

귤산은 석파石坡(흥선대원군의 호)에게 정자의 이름을 청하자, 석파는
정원에 두 그루의 회나무[檜木]가 하늘을 가리웠으므로 붓을 들어 쌍
회정雙檜亭이라 현액懸額하니 대원군의 호의에 크게 감사하며 기뻐하
였다고 한다.

그러나 평소 귤산을 질시疾視하던 대원군은 속으로 비웃었는데, 이

것은 중국의 송나라 때 진회秦檜라는 간신奸臣이 일회一檜로도 나라를 망쳤는데, 쌍회雙檜야 말로 어떠하겠느냐는 조소嘲笑였다.

이를 알게 된 귤산은 두 회나무를 베어내고 현판을 태워 없애버렸다. 이때부터 석파와 귤산의 반목反目은 극에 달하게 되었다.

그러나 세상 이치는 묘한지라 죽어서는 화도읍和道邑이라는 곳에 같이 묻히게 되었으니 기연이 아닌가.

귤산의 독특한 예서 3점을 비롯하여 청풍김淸風金, 옥산玉山, 우암폭愚菴瀑, 우암은거愚菴隱居 제3폭포第三瀑布 등 일곱 작품이 줄지어 각자되어 있는 것으로 보아 적어도 네 명 이상이 이곳을 다녀간 것으로 짐작된다.

작은 다리 왼쪽 바위에 '벽파동천碧波洞天'이란 글자가 횡서로 각자 되었는데 추사체秋史体인 것은 분명하나 추사의 글씨엔 미치지 못한다.

위쪽의 보광사寶光寺 역시 귤산의 원찰願刹로 세워졌다. 하지만 대웅전은 기울어져 내일을 예측하기 어려우나, 반송盤松 한 그루는 건강하니 다행이다.

보광사 위쪽 계곡에 한 이름없는 폭포가 있으나 고증할 수는 없다.

우암폭포를 '제3폭포'로 이름하였으니 '제2폭포'로 이름하기로 하고 '제1폭포'는 다음 답사에서 찾으려 한다. 이러한 아름다운 계곡은 우리의 자산資産이다. 다만 가꾸어 보존치 않음이 유감일 뿐이다.

[http://남양주타임즈 2008.1.12]

# 붕당朋黨의 소용돌이에 희생된
# 비운의 군주 광해군光海君

광해군은 조선 제15대 왕으로 선조와 공빈 김씨恭嬪金氏 사이의 둘째 아들로 이름은 혼琿이다.

의인왕후懿仁王后 박씨에게 소생이 없자, 선조는 공빈 김씨 소생의 제1왕자 임해군을 세자로 삼으려 했으나 광패하다고

▲ 광해군 묘 ⓒ김준호

보류하고 임진왜란이 일어나자 국난에 대비하기 위해 피난지 평양에서 서둘러 광해군을 세자에 책봉하였다.

세자로 책봉된 광해군은 선조와 함께 의주로 가던 중 만약의 사태에 대비하여 영변에서 분조分朝를 위한 국사권섭國事權攝의 권한을 위임받아 평안도 지방으로 출발하였다. 그 뒤 7개월 동안 강원, 함경도 등지에서 의병모집 등 분조활동을 하였고, 정유재란 때는 전라도에서 모병, 군량조달 등의 활동을 하였다.

1594년 명나라에 세자 책봉을 주청했으나 장자인 임해군이 있음을 이유로 거절당하고 1606년 선조의 계비 인목왕후가 영창대군永昌大君을 출산, 선조 유일의 적통인 영창대군을 후사로 삼으려는 소북파小北派와 광해군을 지지하는 대북파大北派가 나뉘는 등 광해군이 왕위에 오르는 데에는 많은 어려움이 난관이 있었다.

그러나 1608년 병이 위독하자 선조는 이제 두 살밖에 안 된 영창대군 대신 광해군에게 왕위를 이어받게 하라는 교서를 내렸다. 이 교서가 영창대군을 지지하는 소북파의 유영경이 이를 감추었다가 정인홍 등에게 발각되어 선조의 승하 바로 다음날인 1608년 2월 2일에 광해군은 드디어 제15대 왕위에 올랐다.

왕위에 오른 광해군은 전란으로 입은 피해를 복구하기 위하여 과단성 있는 정책을 시행하였다.

1608년 선혜청宣惠廳을 두어 경기도에 대동법大同法을 실시하고, 1611년 양전量田을 실시하여 경작지를 넓혔으며, 임진왜란으로 폐허가 된 한성부의 질서를 회복가고 궁궐 조성공사에 힘을 다하여 창덕궁을 중건하고, 경덕궁(경희궁)·인경궁을 준공하는 등 많은 업적을 세우기도 하였다.

광해군의 치적 가운데 그의 능란한 외교정책을 빼놓을 수 없다.

이때 만주에서는 여진족이 후금後金을 건국하고 조선에 압력을 행사하고 있었다. 광해군은 이에 대비하여 성지城池와 병기兵器를 수리하고 군사를 양성하는 등 국경방비國境防備에 힘썼다. 임진왜란 때 조선을 도운 바 있는 명明은 조선에 원병을 요청하였다. 명을 돕자니 후금의 힘이 너무 강해 어떻게 보복을 당할지 모르겠고, 외면하자니 임진왜란 당시 도움을 받는 등의 신의의 문제가 걸려 있었다. 명과는 오랫동안 사대의 예로 지내왔던 관계였으므로 당연히 원병을 보내야 할 입장이었다.

그러나 진퇴양난의 어려움 속에서 광해군은 실리의 양면외교를 실시하였다. 명明나라와 후금後金 사이에 전쟁이 발생하여 명에서 원군 요청이 있자 우선 강홍립姜弘立에게 1만의 병사를 주어 파견함과 동시에 의도적으로 후금에 투항하게 하여 명과 후금사이에서 능란한 외교 솜씨를 보였다. 또한, 1609년 일본과는 기해약조己亥約條를 체결하여 임진왜란 이후 중단되었던 외교를 재개하고, 1617년 회답겸쇄환사로 오윤겸吳允謙을 일본에 파견하여 포로로 끌려갔던 조선인을 쇄환하였다.

광해군은 병화로 소실된 서적의 간행에도 많은 노력을 기울여 『신증동국여지승람』·『용비어천가』·『동국신속삼강행실』 등을 다시 간행하고, 『국조보감』·『선조실록』을 편찬하였으며 적상산성赤裳山城에 사고史庫를 설치하였다.

이렇게 나름대로 전후 복구사업에 혼 힘을 기울였으나 즉위 무렵

임해군을 교동에 유폐하고 1613년 조령에서 잡힌 김제남과 역모를 꾀하였다는 박응서의 허위진술을 믿고 영창대군을 강화에 위치 안치했다가 살해했으며 5년 뒤 이이첨李爾瞻의 폐모론에 따라 인목대비仁穆大妃를 서궁西宮에 유폐시키는 등의 실정으로 반정의 빌미를 제공하였다.

또 당쟁의 폐해를 막기 위해 이원익을 등용하고 초당파적으로 정국을 운영하려 노력했음에도 불구하고 대북파의 계략에 말려 뜻을 이루지 못하였다.

▲ 광해군 묘표 ⓒ김준호

광해군 재위 15년 내내 정권을 독점한 대북파에 대한 서인들의 불만도 반정을 간과할 수 없는 원인이다.

광해군은 인조반정 후 경운궁에 억류되었다가 광해군으로 강등되어 강화로 유배되었다. 그 후 다시 제주도로 옮겨져 1641년 7월 1일 67세를 일기로 눈을 감았다.

광해군은 뒷날 인조반정을 정당화하기 위해 오랫동안 폭군으로 역사에 기록되었으나 근래의 연구는 광해군의 공과功過는 양면적으로 평가되고 있으며, 당쟁의 소용돌이 속에 희생되었다고 보는 시각이 등장 많은 공감을 얻고 있다.

실제로 인조반정은 서인세력이 대북세력의 폐모살제廢母殺弟라는 대명의리

문제를 명분으로 내세웠지만 거국적인 지지를 받지 못하였다.

광해군은 앞에서 언급한대로 임진왜란으로 초토화된 상황에서 전후 복구노력을 기울였으며, 명·청 교체기, 혼란의 시대에 명과 후금 사이에서 탁월한 중립외교를 통해 국익을 지키고, 대동법大同法과 같은 중요한 정책을 실시한 군주였다.

그러나 정치적 반대 입장에 있었던 서인세력에 의한 인조반정으로 폐위되어 군君으로 강등되었던 것이다.

광해군은 문성군부인 유씨와 함께 경기도 남양주시 진건면 송릉리에 묻혀있다. 그 묘는 군묘 형식에 따라 간소하게 만들어져있다.

[http://남양주타임즈 2008.1.26]

# 이세백의 별서 북계정사北溪精舍

▲ 이세백 신도비 ⓒ윤종일

북계정사北溪精舍는 와부읍 도곡리 어룡魚龍마을에 있던 이세백李世白의 별서이다.

그는 1635년에 태어나 1703년 별세한 문신으로 본관은 용인이며, 호는 운사雩沙 또는 북계北溪로서 조부는 참의를 지낸 후천後天이요, 아버지는 목사에 이른 정악挺岳이며 아들은 영의정을 지낸 의현宜顯이다. 그의 외가外家 역시 상당한 명문세가로서 외증조부는 청음 김상헌金尙憲이요, 외삼촌은 영의정 김수항金壽恒이며 외사촌은 세상에서 육창六昌으로 일컫는 김창집, 창협, 창흡, 창업 등이다.

성균관에서 송준길宋浚吉의 가르침으로 여러 관직을 두루 거치고 1700년 좌의정에 올랐는데 후에 아들 의현宜顯이 영의정이 됨으로서 부자 정승으로 더 유명하였다.

1689년 기사환국己巳換局 때 도승지로서 송시열宋時烈의 유배를 반대하다가 파직되었는데 도곡리 선영으로 낙향을 하여 북계정사北溪精舍를 짓고 외사촌 동생인 농암農巖 김창협金昌協에게 기문을 부탁하는 글을 썼다.

"내가 이곳에 거처하는 것은 애당초 오래 있을 계획이 아니었네. 양주楊州의 선영 아래 수십 평의 땅이 있어 조만간 그곳에 가 살다가 죽으면 그곳에 묻히는 것이 나의 본디 생각이라네. 이제 몸 하나 있을 만한 몇 칸짜리 집을 짓고, 그 북쪽에 작은 시내가 있기에 북계정사라고 당호堂號하여 걸었네. 그러하니 그대는 나를 위해 기문記文을 써주기 바라네."

▲ 이세백 묘표 ⓒ윤종일

농암은 1693년에 쓴 기문에서 "이공李公이 사는 곳은 강산의 아름다움이 영주 못지않고, 선영과의 거리도 매우 가까워 하루 만에 다녀올 수 있다." 하였으니 조부 이후천李後天의 묘는 시우치時雨峙, 부친 정악挺岳의 묘는 이패리二牌里에 있으니 정사精舍가 있는 도곡리는 그 중간에 있다. 뿐만 아니라 외가의 선영도 동쪽으로 불과 6, 7리 되는 석실리石室里에 있다.

　　옛 사람들은 선영을 떠나지 않는 것을 법으로 삼아 인효仁孝의 도가 영구히 무너지지 않게 하였으니 지금을 살고 있는 우리들은 한번쯤 생각해 볼만한 대목이다.

　　도곡2리 배밭 안에 1679년에 세운 신도비神道碑(이재李縡가 찬찬撰하고 홍봉조洪鳳祚가 쓰고 유척기兪拓基가 전전篆함)가 있고 좀 떨어진 곳에 1741년에 세운 묘갈이 있으니 아들 의현宜顯이 찬찬撰하고 안진경顔眞卿 집자集字로써 매우 아름답다.

[http://남양주타임즈 2008.2.5]

# 석음재惜陰齋와 지사재志事齋

이단상李端相의 본관은 연안延安이며 호는 정관재靜觀齋 또는 서호西湖이다.

할아버지는 좌의정 정구廷龜, 아버지는 대제학 명한明漢으로 이단상은 부제학을 지냈다. 교리, 정랑 등 관직에 있다가 1659년 효종孝宗이 죽고 당쟁으로 인하여 정국이 소용돌이치기 시작하자 두문불출 학문에만 전념하다가 잠시 청풍부사, 응교, 인천부사 등을 거치고 1664년 (현종 5) 집의가 되었으나 「입지권학5조立志勸學五條」를 상소하고 모든 관직에서 물러나 영지동靈芝洞으로 낙향하였다. 영지동은 지금의 내곡리이다. 1665년 선생의 나이 38세(현종 6) 되던 9월 석음재惜陰齋를 짓고 후학을 양성하니 아들 희조喜朝, 사위 김창

▲ '先生之風 山高水長', '靈芝洞'碑 ©윤종일
밑받침 돌로 홀로 쓸쓸히 서있다. 원래의 모습으로 돌아갔으면 한다.

협金昌協, 창흡昌翕 형제와 임영林泳 등 많은 동량들을 배출하였다.

영지초靈芝草는 효험이 썩 좋은 선약仙藥이며 성약聖藥으로서 젊은 시절을 헛되이 보내지 말고 오로지 학문에 열중하여 세상에 필요한 사람이 되라는 뜻이고 보면 영지동靈芝洞이란 마을 이름도 예사롭지 않다.

이희조는 정관재의 아들로서 호는 지촌芝村이며 송시열宋時烈의 문인이다.

1675년 송시열의 귀양을 계기로 고향인 영지동으로 물러나 학문에 전념하였다. 지촌은 20세가 되든 1675년(숙종 1) 5년여 만에 돌아와 석음재惜陰齋에 소장되었던 아버지의 서책을 지사재志事齋를 새로 지어 옮기고 서실로 사용하였다.

온 가족과 함께 양주현楊州縣 풍양豊壤 영지동靈芝洞으로 이사와서 은둔을 시작할 새 지촌芝村의 심경을 문곡文谷 김수항金壽恒은 다음과 같이 노래하였다.

> 시냇물 슬피 울며 마을 감아 흐르는데
> 자지가紫芝歌 노래 끊겨 푸른 산 허전하리
> 술취한 뒤 서주의 눈물만 남아있어
> 그대 집 시렁 가득 서책에 부렸네

선생은 대사헌에 이르고 『지촌집芝村集』 권32에 전하며 인천 학산 서원鶴山書院에 봉향되었다.

지금도 여기 두 분의 흔적이 고스란히 남아 있으니 고택古宅인 석음재惜陰齋와 태극정太極亭, 그리고 거대한 자연석 꼭대기에 세워진

<영지동비靈芝洞碑>와 "선생지풍先生之風 산고수장山
高水長"이란 동강東岡 조상우趙相愚(1640~1718)의
수적手迹이 빛이 난다. 여기서 건너편
에 형조판서 이민보李敏輔의 묘
소가 자리하고 있으며,
석재惜陰齋는 영지동
비가 있던 곳 주위에
있었던 것으로 보인
다(현재 이장댁으로 추정
된다).

▲ 원 영지동 비가 서있던 원래의 모습 ⓒ임병규

우리 지역의 석실
서원石室書院과 영지동靈芝洞 석음재惜陰齋는 대단히 중요한 학문의 요
람으로서 우리고장의 자랑이라 할만하다.

[http://남양주타임즈 2008.2.16]

# 마현馬峴 강고향사례江皐鄕射禮

옛날 지방의 단위로 향鄕, 주州, 당黨, 족族, 여閭, 비比가 있었는데 향대부鄕大夫는 국가의 법法을 정월正月에 사도司徒로부터 가르침을 받아 그것을 주장州長에게 전수하면 주장은 정월 가운데 길일吉日을 택하여 향사례鄕射禮를 행한다.

▲ 여유당與猶堂에서 바라다 본 유산酉山, 좌측 밑이 활터였다. ⓒ윤종일

향대부鄕大夫는 3년마다 어질고 재능있는 사람을 왕에게 천거할 때 그 선택의 기준을 삼기 위하여 활쏘는 의식을 거행하였다.

향대부는 예禮로서 어진이를 천거하고 주장州長과 당정黨正은 예禮로서 백성을 모았다. 그때 술 마시는 의식을 향음鄕飮이라 하고 활쏘는 의식을 향사鄕射라 한다.

마을의 어른과 어린이의 질서를 정하고 높고 낮음을 밝히며 현명하고 어리석음을 분별하는 것으로 백성을 가르쳐서 풍속을 돈독히 하였다. 즉 예악덕행禮樂德行을 세우는 데 향사음례鄕射飮禮보다 나은 것이 없었다.

열수洌水 정약용丁若鏞은 강고향사례江皐鄕射禮 서문序文에서 다음과 같이 쓰고 있다.

> 가경嘉慶 병진丙辰(1820) 4월 23일 우리 향鄕의 사우士友들이 모여 의론하고서 철마산鐵馬山 아래 강고江皐 위에서 향사례鄕射禮를 행하였는데 고랑皐浪의 신대년申大年(億)을 주인으로 하고 귀음龜陰의 김여동金汝東(在崑)을 빈賓으로 하고 신대년申大年의 종질從姪인 신성여申成汝(晩顯)를 사사司射로 하고 석림石林에 사는 이예경李禮卿(魯和)을 사정司正으로 하였으며 나의 두 아들 학연學淵과 학유學游 및 4, 5집안 자제와 빈객賓客 등 모두 20여 명이 사우射耦가 되기도 하고 집사執事가 되기도 하였다.

70세가 된 노인은 신대년申大年의 아버지 신공申公과 나의 형 진사공 정약현丁若鉉이요. 60세가 된 사람은 김여동金汝東의 아버지 김공金公과 나[洌水]였으니 이들은 늙어서 예禮를 차릴 수 없음으로 모두 예석禮席 밖의 별석別席에 앉아 구경하고 있으니 이것을 예禮라고 할 수 있겠는가.

그러나 그 읍揖하고 사양하고 오르고 내리고 나아가고 물러나고 앉고 서는 거동하는 모습과 바쳐 올리고 권하고 노래 부르고 음악을 연주하는 정차와 왼쪽에 활줌통, 오른쪽엔 시위를 잡고 화살 3개는 꽂고 1개는 끼며 활을 부리고 활시위를 얹으며 내려와 절하고 올라가 술 마시는 예문을 모두 길례古禮에 의거하였다. 그리고 신공申公과 김공金公의 두 아들이 또 우뚝 서서 거동을 가다듬으니 그 엄숙한 것이 볼만 하였고 사정司正과 사사司射 등도 모두 단아하고 민첩하여 법도를 잃지 않았다. 이러므로 여러 벗과 여러 자제가 각기 그 자리를 바르게 지키고 각기 그 직책을 잘 봉행하여 떠들거나 예문에 이반되는 잘못이 없었으니, 아 - 이 또한 어려운 일이었다.

열수洌水 정옹丁翁께서는 지극히 작은 마을, 마현馬峴의 전통을 이으려 애쓴 것을 우리는 보았다.

이제 늦었지만 다산문화제茶山文化祭에 이를 재현함으로서 문화시민으로 한 발 앞서 나아가야 하지 않을까?

[http://남양주타임즈 2008.3.8]

# 삼주삼산각三洲三山閣

　김창협金昌協의 본관은 안동安東, 호는 농암農岩 또는 삼주三洲이며, 증조는 좌의정을 지낸 청풍淸陰 김상헌金尙憲, 아버지는 영의정 김수항金壽恒, 형 역시 영의정을 지낸 김창집金昌集이다.

　선생이 청풍淸風부사로 있을 때 1689년 기사환국己巳換局으로 아버지[金壽恒]가 진도에서 사사되자 영평永平에 은거하였다.

　1694년 갑술환국甲戌換局으로 노론이 재집권하자 모든 이의 신원이

▲ 〈삼주삼산각〉 모사도 ⓟ강성남

복관되고 선생도 대제학, 판서 등에 중용되었으나 사양하고 학문에 전념하였다.

선생은 본디 농암農岩에서 여생을 마치려 하였으나 당시 모친母親께서 서울에 계셨기 때문에 문안드리고 찾아뵙기에 편리하도록 47세 되던 1697년 8월 미음渼陰 석실서원石室書院에 거처를 정하여 머물렀다.

석실서원은 주변 경관이 깨끗하고 탁 트인 경관이 아름답기 때문에 한가로이 사색할 수 있을 뿐만 아니라 늘 학문에 진력할 수 있어 마침내 이곳에 거처를 정하였다.

몇 칸짜리 사랑채를 지어 '삼산각三山閣'이라 편액하여 걸고 학문하는 즐거움을 만끽하였다. 삼산각 앞에 모래톱이 세 개가 있기 때문에 그곳을 삼주三洲라 이름한 것이다.

농암은 이조참판으로 있던 4월 석실서원에 부친 문곡文谷 김수항金壽恒, 장인 정관재靜觀齋 이단상李端相, 노봉老峰 민정중閔鼎重을 추배향追配享해 놓고 석실서원을 명실상부한 진경문화眞景文化의 중심지로 확고히 다져 놓았다(최완수).

이때 석실서원에서 배출된 인물은 진경산수화眞景山水畵의 대가大家 겸재謙齋 정선鄭敾, 진경시眞景詩의 대가 사천槎川 이병연李秉淵, 인물풍속화人物風俗畵의 대가 관아재觀我齋 조영석趙榮祏 등이다. 특히 조영석은 농암의 처남인 지촌芝村 이희조李喜朝의 제자이며 조카사위로서 자연스럽게 석실서원과 삼산각三山閣을 출입하면서 진경문화眞景文化를 터득하였으리라 미루어 짐작된다. 그 결과물이 겸재 정선이 그린 <삼주삼산각>인데 『경교명승첩京郊名勝帖』에 실려있다.

농암은 그의 죽음을 예견한 듯 1707년 가을부터 도봉서원道峰書院, 수락산水落山 옥류동玉流洞, 묘적사妙寂寺 등 석실서원 주변을 유람하였다.

다음해 무자년 윤3월에는 영의정에서 파직되어 남양주 금촌金村(지금의 삼패리)에 물러나 있는 형님인 몽와夢窩 김창집金昌集을 뫼시고 아우 노가재老稼齋 김창업金昌業, 포음圃陰 김창즙金昌緝이 모여 삼산각三山閣 앞 미호渼湖에서 관어회觀魚會를 가졌다.

여섯 창昌 가운데 네 창이 함께 자리하는 혼치않은 정경이다. 그리고 형님 몽와공夢窩公을 뫼시고 묘적사妙寂寺를 유람하니 이 여행이 살아서 마지막으로 윤 4월 11일 삼산각 정침正寢에서 58세를 일기로 사망하였다. 우리 남양주뿐만 아니라 나라의 큰 별이 진 것이다.

문화혁명을 주창하여 진경문화를 일으킨 농암 김창협 선생을 기리기 위하여 '진경문화제'를 거행하는 것은 지금을 살고 있는 우리들의 몫이 아닐까?

[http://남양주타임즈 2008.3.18]

# 정관재 이단상李端相

이단상李端相(1628~1669)은 조선 현종대의 문신으로 자는 유능幼能, 호는 정관재靜觀齋·서호西湖, 본관은 연안延安, 대제학을 지낸 명한明漢의 아들이다.

일찍부터 총명한 자질을 발휘하여 같은 연배 중에 학문을 겨룰 사

▲ 이단상 / 이하조 묘역 ⓒ임병규

람이 없었다. 1648년(인조 26) 복시覆試 진사시에 장원으로 급제 되었고, 이듬해 정시문과에도 병과로 급제하였다.

이후 1650년(효종 1) 설서, 1652년(효종 3) 부수찬, 1653년(효종 4) 교리, 1654년(효종 5)겸 남학교수·교리·이조좌랑을 역임하고, 1655년(효종 6)에는 대제학 채유후에 의해 김수항·남용익·이은상·홍위 등과 함께 영광을 얻었다. 1656년(효종 7) 수찬·교리·이조좌랑, 1657년(효종 8) 겸문학·사간·응교, 1658년(효종 9) 겸보덕·집의·응교·전남도 암행어사, 1659년(효종 10) 부응교, 1660년(현종 1) 부응교·집의·사인, 1661년(현종 2) 청풍부사·낭청, 1662년(현종 3) 응교, 1664년(현종 5) 집의·전한·사간·응교·인천부사(재직시 선정을 베풀었다 하여 왕으로부터 성은을 입음)·집의, 1665년(현종 6) 부응교, 1666년(현종 7) 집의겸보덕, 1668년(현종 9)에 송준진의 천거에 의해 응교가 되고 교리를익힘. 1669년(현종 10) 동부승지·병조참의·병조참의·부제학에 올랐다가 사망하였다.

일찍이 이단상은 계속 되는 관직임명에도 "신은 본래 사람으로 멀리 도망 갈 선비가 아니요, 털끝만치도 임금에게 보답하지 못하고 갑자기 병에 걸렸지만 좋은 때를 만나 스스로 버린 물건이 되었으니 어찌 신의하고자 하는 바입니까? 근래에 들으니 성학聖學이 날로 진보된다 하니 시종 게을리 하지 않아 큰 덕을 성취하면 신은 여기서 죽더라도 영광이겠습니다."라고 하여 정중히 사양하였다. 그러나 계속되는 출사요청에 응하여 가족들의 간곡한 부탁에도 고향으로 돌아가지 않고 "신은 운명이 다 되어 다시는 용안을 우러러 보지 못하겠으니 눈을 감지 못하겠습니다. 지금 태조의 계비인 신덕왕후의 종묘에 부제하는 일은 천고의 훌륭한 일이니 성학이 백세에 특출합니다. 원컨대 더욱 어질고 덕 있는 사람에게 맡겨서 선대의 공 있는 이를 빛내주소서."라는 마지막 상소를 올려 끝까지 신하의 직분의 충실하였다.

이단상의 죽음을 접한 송시열은 "유능幼能이 서거하였으니 내게 친구가 없게 된 것은 슬퍼하게 되었구나. 다시 말하면 친구가 없는 것이 아니라 나를 아는 친구가 없는 것이 슬프다."라고 하며 그의 죽음을 아까워했다.

졸기에 이르기를 "젊어서 과거에 올라 좋은 벼슬들을 두루 역임하였으며 깨끗하다는 명성이 있어 동료들로부터 추앙 받았다. 신병을 이유로 사직하고 불러도 벼슬을 사양하고 나아가지 않으나 사람들이 명리에 담박하다고 하였다."

현재 진접읍 내각리에 남아 있는 태극정이 이단상이 벼슬을 물러나 연구에 힘쓰던 곳이며, 이단상의 문하에서 아들인 희조喜朝와 김창협金昌協·김창흡金昌翕·임영林泳 등의 쟁쟁한 학자가 배출되었다. 사후에 이조판서에 추종되었으며, 양주의 석실서원石室書院, 인천仁川의 학산서원鶴山書院에 제향되었다. 저서에 『대학집람大學集覽』, 『사례비요四禮備要』, 『성현통기聖賢通紀』, 『정관재집靜觀齋集』 등이 있다.

시호는 문정文貞, 묘는 남양주시 진접읍 팔야리에 있다.

[http://남양주타임즈 2008.4.4]

# 시우치時雨峙 뽕나무

태조太祖 때 조준趙浚과 하륜河崙이 편찬한 『경제육전經濟六典』에 의하면 종상법種桑法을 수립하였는데 대호大戶는 300본, 중호中戶는 200본, 하호下戶는 100본을 심도록 하였고 심어 가꾸지 않는 곳에 대하여는 수령을 논파論罷토록 하였다.

1454년(단종) 9월 호조가 계청하기를 각 읍의 도회관都會官으로 하여금 누에씨를 각 고을에 나누어 주고 그들로 하여금 양잠을 하도록 하고 열심히 한 자와 태만 한 자를 골라 수령들을 포상도하고 벌도 내리게 하였다.

▲ 삼간三幹 뽕나무 ⓒ윤종일

또 세조世祖 때 내원內苑에 명命하여 뽕나무를 제사諸司에 나누어 주고 담장 아래와 밭둑에 심도록 하고 만약 성실히 배양하지 않아 말라 죽게 하는 자는 파직토록 하였다.

하루는 서연관이 잠실이 동관東官과 너무 가까이 있어 회강會講하는 날이면 장소가 너무 협소하여 불편하니 옮겨 달라고 요청하였다.

이에 임금께서 이르기를 "잠실은 중요한 일이기 때문에 궁궐과 가까이 둔 것이고 또 예禮에도 부인婦人 누에치고 물레질한다는 글귀가 있음으로 본디 중관中宮이 세자빈世子嬪과 함께 친히 여공女功을 살피게 하려는 것이다." 하였다(『임하필기林下筆記』 권22, 문헌지장편) 이를 친잠례親蠶禮라 한다.

열수洌水 정약용의 대책 가운데 지리책地理策 조條에서 상림桑麻에 대한 정사政事는 서왕聖王들이 소중히 여긴다로 시작하여 1587년(선조 정해년) 고상신故相臣 이원익李元翼이 일찍이 안주安州를 다스릴 때 백성들에게 의무적으로 뽕나무를 심게하여, 1만 그루가 훨씬 넘은바 뽕나무의 혜택을 입은 백성들은 그 뽕나무를 이공상李公桑이라 부른다. 그리고 대책으로 백성들에게 뽕나무를 의무적으로 심어 실효를 거두고 근본을 튼튼히 해야한다.

1800년 봄에 쓴 열수洌水 정약용의 「하담금송첩서荷潭禁松帖序」에 다음과 같은 글이 있다.

"뽕나무와 가래나무를 반드시 공경하라." 하였으니 열수 정약용의 고향[馬峴] 옛집에 있는 뽕나무와 가래나무는 모두 부모님께서 손수 심어 놓은 것으로 그 나무도 반드시 공경하여야 한다는 뜻으로서, 전하여 자손들은 조상을 극진히 추모追慕해야 한다는 의미가 있는 것이다.

열수洌水 정약용은 강진康津 유배 시 두 아들에게 부친 편지에 "고향에 살면서 과원果園이나 채소밭을 가꾸지 않는다면 천하天下에 쓸모없는 사람이다. 내가 만약 지금까지 집에 있었더라면 뽕나무가 수백 그루가 되었을 것이다."라고 적고 있어, 열수 정약용은 가정에서나 국가적 차원에서 뽕나무 심기 운동을 전개하여 부국富國의 길을 모색하려고 하였다.

"남쪽지방에 뽕나무 365그루를 심은 사람이 있는데 해마다 365꿰미의 동전을 얻으니, 하루에 한 꿰미씩이라, 식량 마련에 죽는 날까지 궁색하지는 않을 것이다. 그리고 잠실 3칸에 잠상을 7층으로 하여 모두 21칸의 누에를 길러 부녀자들도 놀고먹는 자 없도록 하고, 금년 오디가 잘 익었으니 너는 그 점을 소홀히 말아라." 하였다.

열수洌水 정약용은 그의 증언贈言 가운데 윤종문尹鐘文(호는 혜관, 본관은 해남, 공재 윤두서의 현손으로 다산초당의 차신계茶信契 18명 제자의 한 사람으로 정약용의 외척)에게 주는 글에서 "가난한 선비로서 힘이 덜 들고 명예가 손상되지 않는 것이 있으니 손수 원포園圃를 가꾸고 형상荊桑(가시뽕나무), 노상魯桑(노나라 뽕나무) 등 뽕나무 수천 주를 심고, 별도로 3칸의 잠실蠶室을 짓고 7층의 잠상蠶床을 설치한 다음 아내에게 부지런히 누에를 기르도록 하라. 이렇게 몇 해만 하면 그 다음은 그리 어렵지 않다."고 증언하였다.

다시 가계家誡 가운데 1810년 다산동암茶山東庵에서 아들 학연學淵에게 주는 계誡에서 "살림살이를 꾀하는 방법에 대하여 밤낮으로 생각해 보아도 뽕나무 심는 것보다 더 좋은 것이 없으니 이제야 제갈공명諸葛孔明의 지혜보다 더 위에 갈 것이 없음을 알았다. 그리고 뽕나무

심는 거야 선비의 명성을 잃지도 않고 큰 장사꾼의 이익에 해당되니 ….”라고 뽕나무 재배의 필요성을 간절히 설명하고 있다.

열수洌水 정약용은 아내 윤씨尹氏가 평소 누에치기를 좋아하여 서울에 살면서도 해마다 고치실을 수확하는 것을 보고 아내에게 7수의 시를 써 준 것이 있으니 그 첫 수에 “반 년이라 삼농사는 갈고 거두기 힘들고 목화농사 일 년 내내 가뭄, 장마 걱정인데 무엇보다 누에치기 효과 가장 빠르니 한 달이면 광주리에 고치가 가득하네.” 하고, 여섯 수를 더하여 누에치기를 예찬하고 있다.

『황성신문皇城新聞』 1900년 3월 1일 광고 기사에 “양주 누에공장(구선동)에 품질이 우수한 구미 각국과 청淸나라 소주蘇州, 항주산杭州産 뽕나무 수십만 그루를 보유하고 판매하니 잠상업에 관심있는 분들의 많은 왕래를 바란다.”는 광고를 내고 있다. 그리고 4월 21일 인공양잠회사에서 양주군 구선동(월문리)의 크고 작은 뽕나무 1만여 그루를 구입하여 영등포 정거장 근처 논 5일경日耕을 매입해 심었다.

『황성신문皇城新聞』 1903년 10월 1일자 기사를 보면 양주군楊州郡 하도리下道里 시우치時雨峙(현 조안면 시우리)에 거주하는 지사知事 김의명金義明이 잠업 경영을 위하여 10여 년 전부터 뽕나무 10여만 그루를 국내에 유포하더니 근

▲ 시우리에 있는 둘레가 232㎝나 되는 뽕나무 ⓒ윤종일

일 『상잠문답桑蠶問答』이라는 책자를 인쇄하여 농상공부農商工部에 상납하니, 농상공부에서 13도 관찰부에 훈령하여 책자를 관하 각 군郡에 배포하였다. 자료가 없어 알 수는 없으나 1897년에 지석영池錫永이 쓴 『상잠문답桑蠶問答』의 번역서로 추측할 뿐이다.

와부읍 구선동 일대 밭둑과 야산에는 근래까지 뽕나무가 있었으나 개발로 인하여 지금은 볼 수가 없다. 다만 시우리 고개 마을 안팎에는 아직도 뽕나무가 남아있어 밑둥치 둘레가 232㎝되는 노거수들이 즐비하다. 6·25 전쟁 이후에도 온 마을이 누에치기로 생계를 지탱하였으나 지금은 다르다. 그래서 글로 남겨두고자 한다.

[http://남양주타임즈 2008.4.25]

# 남하창수집南荷唱酬集

『남하창수집南荷唱酬集』은 열수洌水 정약용丁若鏞의 부친 하석荷石 정재원丁載遠(1730~1792)과 고향馬峴(현 남양주시 조안면 능내리)의 벗 한경선韓景善 간에 화답和答한 시詩를 묶어 책으로 만든 것이다.

남하창수집의 서문序文은 열수洌水 정약용이 썼는데 현재를 살고 있는 우리들에게 본보기가 될 듯하여 내용을 간추려본다.

사람은 누구나 벗이 있게 마련인 바 문예文藝로 사귄 친구는 기예技藝와 재능으로 다투다가 한 글자, 한 구절의 잘 못을 가지고 틈이 벌어져 갈라서게 되며, 명예와 절의로 사귄 벗은 기개氣槪와 절조節操를 서로 높이다가 오르고 내리고 굽히고 펴는 사이에 뜻이 엇갈리어 좋은 정의를 보전하지 못하고 헤어진다. 도학道學과 예론禮論에 있어서는 더욱 시비가 많아 마침내 원수가 되는 예는 허다하다.

좋은 벗을 사귀기 위해서는 덕행德行으로 하여야 하는데, 처음에는

▲ 『남하창수집南荷唱酬集』의 서문

서로 마음이 감동하여 사모하고, 오래되면 화합하여 감화되며, 마침내 금석金石처럼 사귐이 아주 깊어져 서로 떨어질 수 없는 교칠膠漆의 지경에 이르는 것이며, 그러므로 벗을 삼기는 지극히 어려우나 일단 삼고나면 변함이 없어야 되니 이것이 바로 군자君子의 벗 삼는 도道라 할 수 있다.

정재원은 나이 40에도 이렇다 할 친구하나 없이 지내다가 마현 남쪽에 사는 한경선韓景善을 얻고 기뻐하며 아우들에게 이르되 "이 사람이 내 벗이다. 내가 인제야 벗을 얻었노라." 하고 자랑하였다.

열수洌水의 선친[丁載遠]의 유사遺事에도 이런 글이 있으니 정조 때 신순형申舜衡(정선현감)이라는 사람이 정재원과 벗하기를 원하였다.

정재원이 말하기를 "나와 자네가 지금 친구로서 잘 지내기를 남거南居 한경선韓景善과 같이 할 수 있겠는가?"

두 사람의 우정이 이와 같았으니 세상 사람들은 단금지교斷金之交(쇠붙이도 끊을 만큼 우정이 대단히 깊은 사이)라 하였다.

또 열수洌水가 유배지 강진康津에서 두 아들(학연과 학유)에게 준 편지에서 "슬프다. 한가구韓可久의 대부인大夫人(어머니인 숙인 권씨叔人權氏)은 우리 형제가 숙모叔母처럼 섬겨야 할 분이다. 고향에 있을 때는 나도 찾아뵙곤 하였으니 너희들도 찾아뵈어라." 하고 꾸짖었다.

한가구韓可久는 정재원이 급박하고 어려웠을 때 도와주고 의리가 변치 않는 사람이니 감사할 줄 알아야 하니 "대부인權叔人께 공손히 문안드릴 것이며 대부인 생신 때에 제 철 과일을 올릴 것이며, 남거장南居丈(韓景善)의 제일祭日에 항상 과일을 올려 제사를 도와라."

이와 같이 두 사람은 친형제와 같이 물질계와 정신계의 간격이 없이[物我一體] 지내기를 30여 년, 1792년 4월 9일 정재원이 별세하니 한가구는 동생들은 물론 그 자식들에게도 아들과 조카같이 대하였다.

서문의 끝에『남하창수집南荷唱酬集』이라 이름하고 "이것이 그 책이다. 아아, 대단한 일이다."

필자는 말한다. 스스로의 잘못을 인정하지 못하고 자기만 합리적이라고 주장하는 작금의 돌아가는 세상을 정말 부끄러워하며 붓을 놓는다.

[http://남양주타임즈 2008.6.8]

# 거연아천석居然我泉石

1986년 봄과 여름이 갈라지는 계절, 물골안(남양주시 수동면) 석수대石 水臺 앞 개울 한 복판에 네다섯 평 크기의 꽤 넓은 너럭바위가 있는 바, 물속에 잠겨있다. 글자의 형상이 여울에 춤을 춘다.

호기심이 발동한 필자는 옷을 무릎까지 걷어 올리고 손으로 더듬더 듬 거리지만 판독하기란 쉽지 않았다.

몇 날에 걸쳐 돌담을 쌓아 물길을 돌리고 확인하니 '거연아천석居然 我泉石'이라 새겨있다. 자연 그대로의 너럭바위에 가로 200㎝, 세로 37㎝, 글자의 크기가 33×37㎝로서 제법 큰 글씨다.

필자는 나름대로 "석천石泉 나는 자연自然에 살리라."라고 해석도

▲ 거연아천석居然我泉石 탁본

하고 탁본도 마쳤지만 지금까지 잊고 있었다.

몇 년 전에 강대욱姜大旭(초대 경기박물관장) 학형이 전화해 "번역이 틀렸다."는 말들이 있는데 확인하고자 한다는 취지의 말을 전해 왔다.

이에 필자는 대답하기를 "첫째, 오른 쪽에서 왼쪽으로 쓴 횡서橫書이며, 둘째, 조안면 고랭이에 살던 신작申綽(1760~1828) 선생이 이곳을 지나다가 써놓은 것으로 믿는 바, 그의 호가 '석천石泉'이었기 때문이다."라고 했다.

하지만 일전에 이유원의 「벽려신지薜荔新志」를 읽는데 '거연아천석居然我泉石'이라 하고, "거연이 나의 천석이다."라 하였으니, 나의 잘못을 비로소 알겠거니와 강대욱 학형께도 미안하여 이 글을 남긴다.

[http://남양주타임즈 2008.6.21]

# 평구리平丘里 육송정六松亭

   평구리平丘里(현 남양주시 양정동 일대)는 옛 역驛의 터로서 청풍 김씨淸
風金氏가 누대累代 이어온 세원지지世苑之地이다. 뿐만 아니라 송강松江
정철鄭澈이 지은 『관동별곡關東別曲』 첫 줄에 나오는 출발지이기도 하다.
이곳은 기묘팔현己卯八賢 중

▲ 잠곡潛谷 김육金堉의 묘 ⓒ윤종일

한 명인 김식金湜(1482~1520)을 비롯해 증손 영의정 김육金堉(1580~1658)과 김좌명金佐明(1616~1671) 그리고 한말韓末 운양雲養 김윤식金允植(1835~1922)에 이르기까지 30여 기의 유택幽宅이 자리하고 있다.

1591년에 잠곡潛谷 김육金堉이 지은 귀산거부歸山居賦에 다음과 같이 쓰여 있다.

1590년 7월 아버지[金興宇]가 돌아가신 할아버지[金棐] 묘墓 아래서 여묘살이를 하였다. <오류선생전五柳先生傳>과 <귀거래사歸去來辭>

▲ 김식金湜 신도비 ⓒ윤종일

를 읽고 그것을 본떠서 <육송거사전六松處士傳>과 <귀산거부歸山居賦>를 지었는데 <육송거사전六松處士傳>에 이르기를 "양주楊州(현 남양주) 평구리平丘里에 산山이 하나 있다. 그 산 속에 어떤 한 사람이 살고 있는데, 이름은 알 수 없으며, 송화松花를 따서 먹고 들에 있는 샘물을 마시며 요기를 하였다. 여기에 여섯 그루의 소나무가 있고 그 사이에 정자 하나를 짓고는 육송정六松亭이라 이름해 스스로 육송거사六松居士라고 자호自號하였다."라 쓰고, 60년 후 관직에서 물러나 여섯 그루의 소나무가 완연하게 그대로였다고 잠곡은 회고하고 있다.

하지만 지금은 육송정이 없다.

만약 여섯 그루의 소나무가 현재까지 살아 있었더라면 올 연초에 큰 화재로 소실된 숭례문(별칭 남대문) 복원에 꼭 필요한 동량지재棟樑之材로써 그 몫을 다하지 않았을까 아쉽기 그지없다.

[http://남양주타임즈 2008.6.28]

# 조시중趙侍中과 독쟁이 절

　고려의 개국공신이자 풍양 조씨豊壤趙氏의 시조되는 시중공侍中公 조
맹趙孟은 어려서부터 '바우[岩]'로 불렸는데 초야에 묻혀 밭을 갈고 숯
을 구워 생활하는 것을 즐기며 일체의 부귀와 영예를 구하려 하지 않
았다.

　그리하여 깊숙이 은신한 곳이 현재의 견성암이 위치해 있는 남양주
시 진건읍 송릉리

▲ 조맹 묘 전경 ⓒ김준호

3번지에 있는 천마산天摩山 부근이
었다.

　이곳에서 수양하며 숯을 구워 매
일 근 2백 리나 되는 송도까지 왕
래하므로 고려 태조가 조시중이 머
물고 있는 곳을 알고 싶어 비밀리
에 사람을 보내 그가 가는 곳을 추
적하게 하였다.

　사람이 뒤에서 추적해 오는 것을
안 조시중은 천마산 어귀에 이르러
서는 자취를 감추어버리고 거대巨
大한 짚신 한 켤레만 개울에 벗겨
진 채 있었다.

　이것을 본 그 사람은 급히 이 사
실을 태조께 알리니 태조는 직접
이 곳을 방문하여 조시중에게 간청
하여 송도에 와서 정사政事를 논하

▲ 풍양 조씨의 시조 고려 개국공신 조맹의 비
ⓒ김준호

며 같이 있을 것을 간청했으나 조시중은 끝내 이 산으로 들어와 산신
山神이 되었다고 한다.

　이때에 조시중이 수양하면서 마시던 우물을 독정獨井이라고 부르는
데 현재는 법당 앞에 있다. 아무리 가물어도 물이 줄지 않아 지금도 인
근부락에서 가뭄에는 물을 길어간다. 그런 연유로 견성암을 '독쟁이
절'이라고 부르기도 하며, 산 밑에 있는 마을을 독정리獨井里라고 부르

게 되었다.

그리고 조시중이 수양하며 은거하였다는 수양굴修養窟이 지금도 있으며, 그가 산신이 되어 이 천마산에 영원히 있다고 한다. 또한 그의 짚신이 벗겨진 개울을 왕선천伴仙川이라고 부른다.

수양굴 옆에 소나무 한그루가 있는데 이상한 것은 현재까지도 조씨 문중에서 덕이 있고 이름있는 사람이 죽으면 이 소나무 가지가 하나씩 말라죽는다는 이야기가 전해오고 있다.

[http://남양주타임즈 2008.7.5]

# 정희왕후貞熹王后

윤사분尹士昐(1401~1471)과 사흔士昕(?~1485)은 세조비 정희왕후[光陵]의 오빠와 동생으로 그 권세는 비할 데가 없었다.

한 번은 윤사분이 표문表文(중국 명나라 황제에게 우리나라 임금이 마음에 품은 생각을 올리는 글)을 받들고 북경北京에 갔다가 부정한 방법으로 재화財貨를 취한 적이 있었다.

같이 간 서장관書狀官 권경우權景祐가 재화를 모두 거두어 가지고 와서 정희왕후에게 아뢰니 즉시 옥리獄吏에 회부하고 권경우를 더욱 발탁하여 등용하였다. 그리고 정희왕후는 오라버니의 목숨을 살려달라고 청하지 아니하였다.

또 동생 사흔이 의정부 전리典吏들을 제멋대로 감금하니 의정부는 경계하였다. 정희왕후가 듣고 깜짝 놀라 말하기를 "윤사흔이 나의 경계를 듣지 않아서 이 지경에 이르렀으니 상上이 먼저 윤사흔을 파직하고 다시 사헌부에 국문하라." 명하였다.

성종 임금을 섭정한 정희대비는 원상院相 신숙주申叔舟와 한명회韓明澮 등을 불러 전교하기를 "나의 친족 가운데 능력도 없으면서 나라의 녹만을 축내는 용렬한 무리가 많다. 이번의 성변星變(임금이 바뀜)은 여기에서 연유한듯하여 황공한 마음을 금할 수 없다. 산림山林에 숨어 있는 어질고 준걸한 선비를 찾아서 불러오도록 하라."고 하였다.

위의 이야기는 지금으로부터 538년 전에 있었던 일이다.

국가는 국가대로, 지방자치단체는 지방자치단체대로 이와같은 일화를 귀감으로 삼아야 하지 않을까.

현재 정희왕후는 남양주 진접읍 소재 광릉에 세조와 더불어 잠들어 있다.

[http://남양주타임즈 2008.7.12]

▲ 정희왕후가 잠들어 있는 광릉 ⓒ항공촬영: 상산문화유적발굴

# 금곡동 군장리群場里

추존追尊 원종대왕元宗大王은 선조宣祖 임금의 다섯째로서 순강원順康 園 인빈 김씨仁嬪金氏와의 사이에서 태어났으며, 좌찬성 구사맹具思孟(群 場里)의 딸 인헌왕후仁獻王后와 혼인하여 조선 제16대 왕인 인조仁祖를 비롯해 능원대군綾原大君(화도읍 녹천리)과 능창대군綾昌大君 등 아들 삼형 제를 두었다.

1623년 광해군光海君을 몰아 낸 반정反正이 성공함으로써 능양군綾 陽君 종倧을 왕王으로 옹립하니 왕의 아버지인 정원군定遠君은 대원군 大院君이 되었다가(1623) 1627년

▲ 구사맹의 묘로 한 때 고종의 능으로 하려 했던 곳 ⓒ윤종일

원종元宗으로 추존됨에 따라 부인 구씨具氏도 인헌왕후仁獻王后로 추존되었다.

원종元宗은 1619년 정원군定遠君 때 별세하니 그의 처가妻家가 있는 마을 군장리群場里(현 금곡동 금곡역 뒤쪽)에 군君의 예장禮葬에 따라 장례를 치렀다.

인조仁祖가 집권하던 해에 부친인 정원군定遠君을 정원대군定遠大君으로 올리고 어머니 역시 연주부인連珠夫人으로 봉해 묘호墓號도 홍경원興慶園과 육경원毓慶園으로 했다가 그 후 홍경원興慶園으로 합하여 불렀다.

인조는 반정反正을 한 다음 처음으로 어머니 구씨具氏를 대궐로 불러들인 다음 선조宣祖가 덕흥대원군德興大院君(별내면 덕송리)의 예禮에 따라 한 것과 같이 아버지 정원군定遠君을 대원군大院君으로 추존, 예관禮官에게 명하여 제사를 올리도록 하고, 어머니 능성 구씨綾城具氏를 연주부인連珠夫人으로 올려 이현궁梨峴宮(광해군光海君의 잠저)을 계운궁啓運宮으로 고친 다음, 옮겨 모셨다.

1626년 계운궁啓運宮이 별세하자 묘호墓號를 육경원毓慶園, 대원군大院君의 묘墓를 홍경원興慶園으로 하였으니 군장리群場里는 1627년 김포金浦 성산城山으로 천릉遷葬할 때까지 원종元宗의 초장지初葬地인 홍경원興慶園이 있던 곳이다.

필자는 1986년 군장리 일대를 답사한 바 있는데 보통의 묘에서 볼 수 없는 석물石物(둘레석, 계단석) 등이 다량으로 쌓여 있어 의문을 가진 적이 있다.

오랜 세월이 흐른 요즈음 남양주문화원 윤 사무국장으로부터 원종

元宗의 초장지에 대한 질문을 받고 원종대왕元宗大王의 직계 능원대군綾原大君 가家의 종손 이우석李愚錫 회장에게 문의한 결과 군장리설群場里說을 듣게 되었다.

다시 능성 구씨綾城具氏의 대대로 묘를 쓴 세장지 지근거리에 선조宣祖의 비妃 의인왕후懿仁王后 박씨朴氏의 아버지인 반성부원군潘城府院君 박응순朴應順(1526~1580)과 그의 형 박응천朴應川(?~1581), 아우 박응복朴應福(1530~1598), 그리고 그들의 어머니 남양 홍씨南陽洪氏(홍사부의 딸)도 같은 곳에 묻혀있으니 당대 최고의 명문 집안이다.

반성부원군 응순應順은 천성이 점잖고 검소한 선비로 정치 쪽에 일체 간여하지 않고 당시 사람들은 국구國舅(임금의 장인)가 살아 있는 지도 모를 정도로 청렴결백한 삶을 살았다 이른다.

몇 백 년이 지난 지금의 정치는 어떠한가?

한 번 쯤 되돌아 볼 필요가 있을 듯하다.


<추기>

박응천朴應川의 막내아우인 돈녕부도정敦寧府都正 박응인朴應寅의 장녀를 조정趙玎에게 시집보내고 그 사이에서 딸 하나를 두었는데 그 딸이 능성부원군綾城府院君 구굉具宏(군장리)에게 출가해 1남 2녀를 낳고, 그 아들은 구인기具仁墍로서 능풍군綾豊君에 봉해졌다.

아마도 이웃하여 살면서 통혼(通婚)한 것이 아닐까 싶다.


[http://남양주타임즈 2008.7.26]

# 또 군장리群場里

군장리(현 남양주시 금곡동 금곡역 뒷마을)는 원종元宗 말고도 고종高宗 황
제皇帝의 장지로 정해져 조산造山 및 석물石物 작업을 한 곳이기도 하다.
1899년 청량리 홍릉洪陵(민비)의 천장을 논의하기 시
작하니 제일 후보지

▲ 좌로부터 구사맹, 구굉, 구인기 신도비 ⓒ윤종일
　원래 4기基였던 신도비 중 1기의 신도비가 아쉽게도 어느샌가 사라져 버렸다(?).

로는 상지관相地官 길영수吉永洙의 추천에 의하여 기계 유씨杞溪兪氏 세
장지世葬之地인 차산리車山里(남양주시 화도읍)가 거론되었으나 유씨兪氏
문중의 분란으로 인하여 양주 조씨楊州趙氏 세장지世葬地인 금곡으로
정하니 1900년 7월 탁지부대신 조병식趙秉式(양주 조씨)의 집에서 종친
회를 열고 110기의 묘를 충남 보령과 남양주 미음면渼陰面 한운리韓雲
里 석실서원石室書院(현 수석동에 위치해 있음) 옛터와 서산西山 가마곡佳馬谷
으로 분산 이장을 가결하기에 이른다.

　같은 해 8월 15일 산릉 자리를 다시 논의하는데 총호사 심순택沈舜
澤이 "동도東道 군장리軍藏里(群場里)의 무덤 자리는 평탄하고 원만하여
보기에 매우 좋습니다. 또 금곡의 무덤자리는 얕고 비좁아서 다른 염
려가 있을 것 같다고들 하지만 산줄기의
생김새가 매우 좋은 형국을 이룬 모
양이 꽉 짜여 있습니다." 하였다. 상
지관相地官 길영수吉永洙가 아뢰기를
"이번에 살펴본 군장리 무덤자리는
풍만한 것이 과연 큰자리로 될만합
니다. 또 금곡은 뻗어내린 산줄기가
우뚝 서자 다음 주기가 생겨났으며
무덤자리가 나지막하고 펑퍼짐 한
것이 큰 자리라 할 수 있습니다."
하였다. 반면 일본 침략자들은 국
운國運의 존립을 앞당기려는 음모에
매수된 듯한, 즉 두리 뭉실한 의견

▲ 군장리 능성 구씨 세장지를 답사하는
필자 임병규

을 내 놓았다.

그러나 상지관相地官 제갈형諸葛炯은 "금촌면金村面 군장리의 임방壬方을 등지고 앉은 자리가 가장 좋은 자리이고, 금곡金谷 을방乙方을 등지고 앉은 자리와 화접리花蝶里 술방戌方을 등지고 앉은 자리는 그 다음입니다." 하니, 의견이 첨예하였다.

어찌 되었던 남양주가 일곱 곳 가운데 네 곳이 홍릉洪陵의 물망에 오르고 금곡과 군장리 두 곳으로 압축되었다.

금곡으로 결정되고 천장 일자를 9월 28일로 잡고 제반 편의 시설이 진행되었는데, 1900년 10월 궁내부 특진관 박정양이 상소하는데 내용을 적으면 다음과 같다.

방술에 유명한 사람이 금곡金谷에 대하여 논하면서 근심하고 탄식한다는 것과 금곡 땅보다 나은 데가 있을 것이니 경사스러운 일, 길이 복을 누리어 자손들이 끝없이 창성하고 번영하여 하늘과 땅과 더불어 종묘사직이 만년토록 제사를 받들게 해야 한다는 것이다. 다시 홍릉지로 바뀌어 군장리에 봉표封標를 세우고 1901년 4월 18일을 천봉 일자로 잡고 청량리에서 군장리까지 도로 및 교량보수비 2,684원의 예산을 요청하였다.

하지만 공사하던 중 석흔石痕이 발견되었다는 트집으로 상지관 이병헌李秉憲 등 16명을 경부에 구소가고 상지관 김윤현金潤鉉을 대동하여 궁내부대신과 학부대신이 조사에 착수, 심순택沈舜澤과 상의하여 다시 금곡으로 바꾸게 되었다.

안타깝기 그지없는 일이다. 그래서 우리는 지금이라도 친일親日 잔재세력을 찾아내어 기록으로라도 남겨야 할 것이다.

[http://남양주타임즈 2008.8.2]

# 임꺽정을 토벌한 무장 남치근

남치근南致勤(?~1570)은 조선 중기의 무신으로 본관은 의령宜寧이며 자는 근지勤之, 증조부는 좌의정을 지낸 지智, 할아버지는 증 병조판서 구俅이다.

▲ 남치근의 묘, 아래는 부친 남구南俅의 묘 ⓒ윤종일
군장리에서 화접리로 이장될 때 아무 석물도 없이 부친 묘 위에 자리잡게 되었다.

남치근은 1528년(중종 23) 무과에 급제, 명종 초에 함경도 병마절도사・동지중추부사同知中樞府事를 역임했으며, 1552년(명종 7) 제주목사濟州牧使 김충렬金忠烈이 왜구의 침입을 막지 못하자 후임 제주목사가 되어 노략질한 왜구를 무찌르고, 1555년(명종 10) 왜구가 60여 척의 배로 호남지방에 대거 침입하여 장흥長興・영암靈巖 등 여러 성을 함락시키는 을묘왜변으로 나라가 소란할 때 전라방어사全羅防禦使가 되어 이준경李浚慶과 함께 남평南平・녹도鹿島에서 왜구를 크게 무찔렀다.

　이 공으로 남치근은 전라도 병마절도사에 오른 뒤 이듬해 다시 침입해온 왜구를 격퇴했으며, 1558년(명종 13)에는 전라도 순변사가 되어 해변방위를 강화하는 등 왜구침입에 대한 방어태세에 만전을 기했다.

　이후 1560년 한성판윤漢城判尹, 1562년 황해도 재령의 해서海西에서 일어나자 경기・황해・평안삼도 토포사討捕使가 되어 재령載寧에 나가 이를 토벌하고 임꺽정林巨正을 잡아 그를 효수하였다.

　『임하필기林下筆記』 문헌지장편에 이르기를, 남치근이 경상병사慶尙兵使가 되어 조령鳥嶺(현 문경새재 또는 이화령)을 넘어오는데 그곳 역졸驛卒들이 달려와 말하기를 "이 곳은 예로부터 국사신당國祀神堂이 있던 곳입니다. 이곳을 지나는 사신과 장사치들은 모두 절을 하고 무릎을 끊어 기도한 후에 갔습니다." 한다.

　남치근 그 말이 떨어지자마자 사당의 건물을 모두 헐어버리고 미륵불을 부숴버리도록 명하고 마을 사람들에게 삽과 괭이를 들고 모이게 하여 산신당 자리를 파내어 연못을 만들게 하니 불과 얼마 만에 끝내고 말았다. 그리고 길을 재촉하여 병영에 당도하였으나 별탈이 없었다.

그 후 남치근은 열읍列邑을 순시할 때마다 예에 어긋난 신사神祀와 길가의 돌무지, 숲 속 사당에 종이돈을 걸거나 말[馬]갈기를 매달아 놓은 것을 없애고 돌 한 조각도 남기지 않았다. 그 후 미신[淫祠]의 풍속이 마침내 변하였다고 한다.

남치근의 묘는 남양주시 금곡동 군장리群場里에 있다가 홍릉洪陵이 들어오면서 현재 별내면 화접리로 이장하였다. 시호는 무양武襄.

[http://남양주타임즈2008.8.9]

# 열수 정약용의 일본관

열수洌水 정약용丁若鏞이 지은 지리책 가운데 이러한 글이 있다.
정조 임금이 질문하기를,

　　"어째서인지 근대 이래로는 사람들이 지리地理가 정치의 근본이 되
　는 줄을 알지 못하여 관방關防에는 허술한 탄식이 많고 성지城池에는
　수축한 실적이 없다."

그리고 이어서

▲ 독도

　　"울릉도鬱陵島와 손죽도損竹島
등은 오랫동안 비어 있는 섬
이 되었는가?"

　열수 정약용이 이에 대답
하여 말하기를,

　　"신이 삼가 생각하건대, 울
릉도鬱陵島와 손죽도損竹島 등을
빈 섬으로 방치하는 것은 좋

은 계책이 아니라고 봅니다. 울릉도는 옛날 우산국于山國으로 신라 지
증왕(500~514)이 정복하였던 곳입니다. 화살대와 담비가죽, 진귀한
나무와 식품 등의 생산이 제주도보다 많고 또 수로水路가 일본日本과
가까이 인접해 있으므로, 만일 교활한 왜인들이 몰래 와서 울릉도를
먼저 점거해 버린다면 이는 국가의 큰 걱정거리입니다. 지금이라도
마땅히 백성들을 모집하여 섬에 들어가서 살도록 하는 한편 진보鎭堡
의 설치도 지연시킬 수 없습니다.

어떤 이는 당시에 울릉도를 빈 채로 방치해 둔 것은 일본과 약속
한 데서 나온 것이므로 약속을 위반할 수 없다고 하지만 이러 말은
너무나 고지식할 뿐, 국가를 위하는 계책이 아니라고 봅니다. 또한
손죽도損竹島는 조그마한 섬인 데다가 우려할만한 문제거리도 없으니,
비록 방치해두더라도 해로움이 없을 것입니다."

다시 열수 정약용은 「일본론日本論」에서 "일본의 풍속은 불교佛敎를
좋아하고 무력武力을 숭상하기 때문에 연해沿海의 여러 나라를 침략하
여 보화寶貨와 식량과 베와 비단[布帛]을 약탈, 눈앞의 욕심만 채웠다.
때문에 우리나라의 근심거리가 되어온 바 신라 때부터 일찍이 사고없
이 몇 십 년을 지낸 적이 없다." 하였다.

지금까지도 독도에 관하여 아무런 외교적인 대책도 없이 무작정 시
간만 낭비하고 있는 정부가 원망스러울 뿐이다.

[http://남양주타임즈 2008.10.4]

# 편집후기

1. 2008년 1월 1일자로 풍양문화연구소가 다산문화연구소로 개편됨에 따라 풍양문화시리즈가 **다산문화시리즈**로 계속하여 발간하게 되었습니다.
2. 이 책은 다산문화연구소 / 남양주타임즈 공동기획으로 남양주타임즈에 연재했던 원고를 학생과 일반인에게 널리 보급하기 위해 발간하게 되었습니다.
3. 사진작업에 협조해준 김준호군과 항공촬영을 해주신 상산문화유적발굴(대표: 심인철)의 관계자 여러분께 감사드립니다.
4. 겸재 정선의 <석실서원도>와 <삼주삼간각> 모사도를 그려주신 강성남 화백께 감사드립니다.
5. 책 발간에 협조해주신 모든 분들과, 그 밖에 자료정리와 입력 등 작업과정에 도움을 주신 모든 분들께 감사드립니다.
6. 남양주타임즈와 다산문화연구소는 앞으로도 남양주 역사기행 연재를 계속하여 책으로 엮어 출판하려고 합니다. 남양주시민 여러분의 많은 관심을 부탁드립니다.

필　자

**윤종일** 서일대학 민족문화과 교수, 다산문화연구소 소장
**임병규** 한국탁본자료박물관 관장
**민경조** 퇴계원산대놀이보존회 회장

다산문화연구소
다산문화시리즈 06

# 남양주 역사기행 I

인    쇄 : 2008년 11월 30일
발    행 : 2008년 12월 10일
편 저 자 : 윤종일・임병규・민경조
사    진 : 김준호・윤종일
항공촬영 : 常山문화유적발굴(031-577-9006)
발 행 인 : 한 정 희
편    집 : 장 호 희
발 행 처 : 경인문화사
주    소 : 서울특별시 마포구 마포동 324-3
전    화 : 02-718-4831~2
팩    스 : 02-703-9711
이 메 일 : kyunginp@chol.com
홈페이지 : http://www.kyunginp.co.kr
         한국학서적.kr
등록번호 : 제10-18호(1973. 11. 8)

값 10,000원
ISBN : 978-89-499-0615-7   04090